Hadas Jaoui-Kalderon

52 JOURS SANS EUX

Écrit avec la collaboration de Laurent del Bono
Propos recueillis par Samuel Athlan

Conseillère éditoriale : Françoise Smadja
Relecture-correction : Gaëlle Fontaine
Maquette : Patrick Leleux PAO
Photo de couverture : Anthony Quittot

76 boulevard Pasteur
75015 Paris – France
ISBN : 978-2-37935-429-8

Hadas Jaoui-Kalderon

52 JOURS SANS EUX

Israël, 7 octobre 2023,
le témoignage d'une mère d'otages

ALISIO

Sommaire

1.
Un idéal si fragile

Nir Oz, première semaine d'octobre 2023. Les jours qui ont précédé notre descente aux enfers ont été calmes, baignés par les dernières lueurs de l'été indien, sereins. Je les ai traversés entièrement dévouée à mon métier. J'aime prendre soin des autres. Veiller sur eux. Leur apporter mon aide. En tant que thérapeute, je suis spécialisée dans les médecines douces et les thérapies alternatives. Je pratique la réflexologie et la PNL, programmation neuro-linguistique, une méthode visant à traiter les traumatismes. En parallèle, je m'occupe des aînés du kibboutz de Nir Oz, cette petite communauté de 400 habitants, ma terre natale, ce lieu où, à de rares exceptions, j'ai toujours vécu. Je leur rends visite à domicile. Je les soulage des maux liés à l'âge. Mes clients, eux, viennent parfois de loin, de cette région du Sud d'Israël qui jouxte le territoire de la bande de Gaza et s'enfonce dans le désert du Néguev. Je les reçois dans mon *mamad* – cette chambre blindée où l'on se réfugie en cas d'attaques de missiles ou de roquettes. J'ai transformé le mien en cabinet thérapeutique où les sens sont bercés par des musiques relaxantes, des effluves d'huiles essentielles et le corps revigoré par les vertus du massage et des produits naturels. En son centre trône ma table de soin. Évidemment, cette pièce spéciale de ma maison sert aussi à me protéger : vivre à deux kilomètres de la frontière avec Gaza n'est pas sans danger... Nous le savons tous ici. Mais nous faisons avec.

Cependant, il n'en a pas toujours été ainsi. Les vrais problèmes ont commencé avec l'arrivée au pouvoir du Hamas il y a un peu moins de vingt ans. Avant, la situation était gérable et les rapports avec les Palestiniens pas trop mauvais. C'est pourquoi, à mes yeux, Nir Oz a longtemps été un petit paradis terrestre. Fondé le 1er octobre 1955, il s'agit d'un kibboutz d'une superficie totale de 2000 hectares, aux dimensions modestes, à échelle humaine, un point minuscule sur la surface du globe. Au début du XXe siècle, lorsque les kibboutz émergent sur les territoires du futur État d'Israël, il s'agit d'une société humaine basée sur des idéaux collectivistes, guidée par le principe : « De chacun selon ses capacités, à chacun selon ses besoins. » Ces communautés portent des idéaux marxistes et sionistes, alors même que notre pays n'existe pas encore et que tout est à bâtir. Je suis le fruit de cet héritage puisque mes parents avant moi ont été des kibboutziques, s'étant rencontrés quelques années avant ma naissance... à Nir Oz, précisément. Ma mère s'appelait Carmela. Mon père, Oury. Elle est née dans le nord d'Israël, au kibboutz Ein Hashofet. Lui, dans la ville d'Hadera. Il avait connu Nir Oz avant son service militaire, lors d'une mission du mouvement de jeunesse Gari'n Hanachal. Ces deux-là formaient un couple magnifique comme sorti d'un film hollywoodien. Née en 1967, peu avant le déclenchement de la guerre des Six Jours, on raconte que je suis le plus jeune bébé du kibboutz à avoir séjourné aussi longtemps dans un abri anti-bombardement. Il paraît que ma mère était tellement stressée de savoir son mari au front qu'elle a rapidement manqué de lait maternel. Malgré ces temps troublés, mon enfance fut merveilleuse sur cette terre âcre et pauvre que nous avions su rendre fertile. Je n'oublierai jamais l'infini des champs d'alors, ces champs que j'ai toujours regardés avec admiration. Je me plaisais à me perdre parmi les épis d'or, baignés par la lumière, ce blé qui assurait notre subsistance. Ces champs formaient une sorte de zone tampon avec Gaza, comme une barrière légitime qui nous séparait. J'ai très tôt adoré la langue et la musique arabes, que j'ai découvertes au gré de nos nombreuses excursions sur les plages de Gaza, dont le littoral magnifique aurait pu devenir une sorte de Riviera du Moyen-Orient. Cependant, bien avant l'édification de la barrière de sécurité, ce mur de barbelés aux fondations profondément enfouies dans le sol qui a fait définitivement de nous des ennemis, j'avais déjà ce pressentiment que « le mal viendrait de là ». J'ai toujours eu une très bonne intuition.

Pourtant, l'éducation que j'ai reçue était une porte ouverte sur le monde, une invitation à la découverte et à la compréhension. Nos professeurs nous ont insufflé le goût de l'expérimentation, de la curiosité, de l'enquête. Dès qu'un sujet était abordé en classe, nous passions à la pratique. Nous avions la liberté d'explorer la bibliothèque et de nous aventurer seuls dans la campagne, munis d'encyclopédies sur les animaux et les plantes. Enfant, j'étais stupéfaite que certains ne connaissent pas les noms des fleurs et des arbres. La nature faisait partie intégrante de nos vies. Nous nous imprégnions de ses enseignements, collectant les œufs tombés des nids des oiseaux, vivant en harmonie avec la lande et les bosquets. Nous avons beaucoup travaillé avec des matériaux comme l'argile et le bois. C'est au sein de la nature que nous avons appris les rudiments de la vie. Surtout, nos professeurs nous ont inculqué l'art de la réflexion, nous incitant à trouver par nous-mêmes des solutions aux défis qui se présentaient. Si nous avions une leçon sur les « Indiens », nous montions des tipis et adoptions leurs modes de vie, allant jusqu'à nous attribuer des noms d'Indiens.

Bien sûr, notre idéologie avait aussi ses revers. À cette époque, le collectivisme imprégnait tous les aspects de la vie, même la manière dont les parents élevaient leurs enfants. Dès la naissance, les bébés étaient confiés à la garderie, et les mères venaient les allaiter quand ils le réclamaient. Les enfants appartenaient à la communauté et chacun les considérait comme les siens, participant à leur éducation aux côtés de leurs parents et des éducateurs. Les temps étaient durs et il fallait s'adapter, partager le fardeau. Petite, j'ai passé la majeure partie de mes journées avec nos nounous au foyer. Plus tard, j'ai rejoint à la classe des *shibolim* (avoine en hébreu), les enfants nés en 1967. Du matin au soir, nous partagions tout : repas, jeux, études, toilette, et même le sommeil. Chaque soir, mes parents me déposaient au foyer des enfants. Une fois au lit en pyjama, mon père me racontait une histoire avant que je m'endorme, puis il laissait un petit mot ou un dessin sur ma table de nuit, que je découvrais au réveil, dès six heures du matin, lorsque la nounou ouvrait bruyamment les volets du dortoir

en criant « bonjour, bonjour ». Ces billets tendres de mon père m'accompagnaient toute la journée, me donnant le sentiment de leur présence, réconfortant mon cœur. Pourtant, malgré cet amour, je ressentais un vide : l'absence d'un espace privé, d'une chambre où je pourrais me retrouver seule en toute intimité. Et aussi le fait de ne jamais avoir eu la chance de dormir avec mes parents, ne serait-ce qu'une seule fois. Dans mon dortoir, j'ai souvent pleuré de ne pas pouvoir les rejoindre dans leur lit, de me sentir si loin alors qu'ils habitaient si près. Quand certains gamins s'enfuyaient la nuit et couraient jusqu'à leur maison, leurs parents les ramenaient toujours au foyer.
Évidemment, je considère aujourd'hui ces mœurs d'un œil critique : séparer un nouveau-né de sa mère ne me semble pas justifié, pas plus que priver un enfant des activités habituelles qu'il ferait normalement avec ses parents : manger ensemble, faire sa toilette, dormir, se réveiller. J'en ai souvent discuté avec ma mère qui, pour sa part, ne voyait rien de mal à cette manière de faire. Ce sujet m'intéressait tellement que j'ai même envisagé de réaliser un reportage à ce propos. Pour en revenir à ma propre enfance, ces pratiques étaient d'autant plus difficiles à accepter pour moi que non seulement je ne comprenais pas leur utilité, mais aussi que j'avais la chance d'avoir des parents formidables. Certes, je ne les voyais qu'à heures fixes, de 16 heures à

20 heures, mais ces moments passés ensemble étaient d'une intensité et d'une affection sans pareilles. Je me souviens que dans leur maison de poupée – une seule chambre, un salon, une cuisine minuscule (ils prenaient leur repas en commun au réfectoire) –, papa avait créé un dispositif ingénieux pour suspendre son lit pendant la journée afin que nous puissions jouer dans leur chambre, que mon père appelait affectueusement « notre salle de jeu et d'imagination ». Diplômé de Bezalel, la prestigieuse école des beaux-arts de Jérusalem, professeur de cinéma au lycée régional, Oury débordait de créativité. Ensemble, nous passions des moments merveilleux : il nous emmenait nous exercer à la carabine au champ de tir, nous faisions voler des cerfs-volants, nous avons même fabriqué un appareil photo en carton et construit un colombier pour les pigeons. Nous observions avec fascination l'accouchement des chiennes (rien ne m'émeut plus aujourd'hui encore), et nous réalisions des petits films dont nous étions les auteurs, les réalisateurs et les acteurs. Ma mère adorait la musique et la poésie. Mon père nous a biberonnés à la culture, s'assurant que nous visitions tous les musées possibles. D'où mon amour, mon désir, mon lien à l'art. Plus tard, j'ai étudié le graphisme et Oury m'a encouragée à devenir photographe.

Comme il est de coutume chez nous, je n'ai quitté Nir Oz qu'après avoir accompli mon service militaire... Ce fut ma première vraie rencontre avec le monde extérieur. Au kibboutz, la solidarité et l'égalité étaient les valeurs fondamentales. Chacun avait sa propre personnalité mais le travail d'équipe primait. Cela n'a pas été sans heurts par moments, car il n'est jamais facile de se sentir pleinement à sa place dans un groupe lorsque l'on ressent le besoin de se démarquer, de se distinguer, de cultiver sa propre individualité, ce qui m'arrivait évidemment à moi aussi. Bien que pratique, cette morale collective m'a longtemps donné le sentiment de m'empêcher d'être pleinement moi-même. Dans la grande ville, je me suis enfin frottée à cet univers de l'individualisme, j'ai découvert d'autres façons de vivre et de penser. Et j'ai aimé. J'ai eu envie de faire le tour du monde, j'ai bourlingué, j'ai multiplié les apprentissages et les expérimentations. Cependant, après plusieurs années loin de chez moi, presque une décennie à Tel-Aviv, j'ai ressenti un profond besoin de revenir à mes racines, à ce silence à partir duquel tout a commencé. C'est ainsi que je suis retournée à Nir Oz.

J'ai 56 ans aujourd'hui. À l'exception d'une période particulière, je n'ai jamais vécu ailleurs qu'au kibboutz. C'est là que j'ai épousé Ofer, que j'ai élevé mes quatre enfants. Deux d'entre eux sont adultes et vivent leur propre vie : ma fille aînée, Gaya, a 21 ans, son frère Rotem, 19 ans. Pour les deux plus jeunes, la situation est un peu plus compliquée. Il y a un an et demi, Ofer et moi avons décidé de nous séparer, mais aucun de nous n'a quitté Nir Oz. Nous vivons désormais dans deux maisons voisines, partageant la garde des enfants. Depuis quelques jours, Sahar et Erez sont chez leur père. C'est difficile pour moi d'être séparée d'eux, mais cela m'a finalement permis de me concentrer davantage sur mon travail en cette rentrée radieuse, d'autant qu'Ofer a toujours été un père formidable. Il aime faire du sport, se balader dans la nature, construire des planeurs et les faire voler avec les enfants, voyager avec eux en jeep, monter à vélo, leur apprendre à cuisiner. Je sais qu'avec lui Sourki et Erezikou profitent pleinement de leur semaine de vacances.

Comme chaque année, pendant les mois de septembre ou d'octobre, les fêtes du nouvel an juif s'enchaînent et les écoliers ont plus de jours de congé que de jours d'étude. En cette période de Soukkot, notre petit kibboutz est plein de vie. Dans plusieurs jardins, les parents ont édifié une cabane – une *soukka* – que les enfants ont décorée de couleurs vives. Chaque jour, les invités se succèdent pour manger, chanter et rire sous ces abris temporaires. Bien que non religieuse, j'éprouve une affection particulière pour Soukkot.

C'est un temps où il est recommandé de se réjouir, une fête aux multiples significations qui occupe une place importante dans la religion et la culture juives. J'apprécie sa symbolique, qui célèbre l'alliance entre Dieu et les enfants d'Israël lors de leur marche de quarante ans dans le désert avant d'atteindre la Terre promise. Il est important de rester attachés à nos traditions. Elles sont le fondement de notre identité et nous aident à nous projeter dans l'avenir en comprenant notre passé. C'est ainsi qu'à l'époque du Temple, durant l'Antiquité, Soukkot donnait lieu à un pèlerinage à Jérusalem qui durait sept jours, pendant lesquels on offrait à la divinité de très nombreux sacrifices expiatoires d'ovins et de bovins. Depuis le 7 octobre, une question sinistre me hante : les presque 1 500 victimes du massacre, à quoi et à qui ont-elles été sacrifiées ? Enfin, si j'aime Soukkot, c'est parce qu'elle célèbre également la fin du cycle agricole. Elle prend alors le nom d'*asif* – la collecte – afin de glorifier le temps de la récolte. Dans notre communauté, c'est un moment où l'on se reconnecte à la terre, où l'on réaffirme notre attachement à la simplicité. Sous la *soukka*, nous perpétuons une tradition ancienne. Les anciens paysans construisaient ces cabanes dans leurs champs, non seulement pour faciliter leur travail, mais aussi pour protéger leurs précieuses récoltes contre les aléas de la nature et les pillages.

Un plongeon dans les racines de notre histoire révèle que le terme *soukka* évoque également ces cabanes des tribus du peuple d'Israël errant dans le désert, bien maigre refuge face à l'adversité.
Maintenant que la semaine est terminée, en ce vendredi 6 octobre, je m'active aux préparatifs du Shabbat, d'autant que celui qui vient est particulièrement important : nous fêtons Sim'hat Torah, qui est le dernier jour de Soukkot. Ma petite sœur, Galit, est venue ce matin avec le coffre de sa voiture chargée d'affaires : de beaux vêtements, du maquillage, de jolis objets, des éclairages. C'est le dernier épisode en forme de happy end d'une saga familiale qui s'est révélée un casse-tête : réaliser un album souvenir de photos de ma mère, qui fêtera ses 80 ans dans quelques jours. À l'origine, nous avions eu l'idée de confier cette tâche à un photographe professionnel. Mais aucun n'a fait l'affaire ou n'était disponible. C'est pourquoi Gaya, qui a étudié la photo et l'a pratiquée à l'armée, aurait dû s'en charger. Mais ma fille a eu un empêchement de dernière minute qui l'a forcée à rester à Tel-Aviv où elle réside. Et voilà comment Galit s'est dévouée *in extremis*. Cependant, pas de panique, car elle manie aussi l'appareil avec aisance. Jusqu'à cet été, ma sœur habitait comme nous à Nir Oz, dans une maison pas loin de la mienne et de celle de maman. Mère de deux filles, Noya et Tamar,

fruits d'une procréation assistée et auxquelles elle est très attachée, Galit enseigne le théâtre. Cet été, elle a déménagé à Kissoufim, un kibboutz à une dizaine de kilomètre plus au nord, où réside son nouveau compagnon, père de deux enfants lui aussi. Mais nous nous voyons toujours aussi souvent. D'ailleurs, ce soir elle nous a tous invités dans sa maison pour le shabbat...

Tandis que Galit immortalise maman sous tous les angles, je m'active à la maison profitant de ne pas recevoir de client pour m'occuper de moi et de mon intérieur. J'adore réunir ma famille et mes amis autour d'un bon repas et d'un bon vin, plaisir sans pareil. C'est la raison pour laquelle j'aime que ma maison soit propre, chaleureuse, accueillante.

Comme je participe également à la préparation du dîner de ce soir, je passe faire des courses à l'épicerie à vélo. Moi aussi, j'ai bien travaillé depuis ce matin. J'ai déjà lancé une machine à laver avec les affaires de Rotem, fait le ménage à fond et laissé refroidir deux cakes à la banane, l'une des recettes que je réussis le mieux. En passant non loin du terrain de football, j'aperçois les ados s'affrontant dans un match viril, plein d'adrénaline et de masculinité. Je regarde si je ne distingue pas Erez, qui lui aussi adore le foot. J'ai beaucoup pensé à lui ces jours-ci. Il m'a envoyé des messages inhabituels de sa part, des messages comme « Maman, tu me manques... » Mon petit dernier, un véritable casse-cou, adore le vélo, le ping-pong ou monter Tinker Bell, son cheval préféré. Mais la détérioration de la situation sécuritaire le plonge dans des angoisses de plus en plus fortes à chaque nouvelle attaque de roquettes du Hamas. La nuit, je reste à ses côtés pour l'aider à s'endormir et il me demande parfois de l'accompagner jusqu'à la salle de bains. Il aura 12 ans dans un peu plus de deux semaines. Autour de son lit, il a une collection de doudous et de peluches qui l'aident à s'endormir. Il répète souvent qu'il est paniqué à l'idée que les terroristes pénètrent dans les maisons, que les méchants lui font peur... Les salves de plus en plus brutales m'inquiètent moi aussi. Depuis la naissance de ma fille aînée, elles n'ont cessé de gagner en fréquence et en intensité, ne faisant qu'augmenter mon anxiété et occasionnant par le passé des désaccords avec Ofer que je blâmais parfois pour son imprudence lors des tirs de roquettes – un défaut qu'il partage avec de nombreux habitants du kibboutz, pas du genre à s'émouvoir facilement eux non plus...

En chemin, les odeurs des ragoûts et de la cuisson de la *challah* s'échappant des maisons me chatouillent les narines. Partout, des visages souriants. Mes compatriotes sont des gens hauts en couleur, doués d'une personnalité marquante et originale sans laquelle ils n'auraient jamais posé leur baluchon parmi nous. Chacun a fini sa semaine. Le magasin est bondé. Entre deux accolades, je choisis les fruits, les légumes et les viandes. Et Yrmi pointe le bout de son nez ! Sourire en coin, notre facteur nous taquine quand nous collons mal nos timbres ou que nous n'écrivons pas correctement le nom du destinataire sur l'enveloppe. Il connaît aussi par cœur les noms et numéros de téléphone de chacun des habitants. En plus de son travail, il s'acquitte de mesurer le taux de pluviométrie journalier, puis de transmettre scrupuleusement ses données aux autorités compétentes comme si l'avenir du pays en dépendait. Il vit seul et ne s'est jamais marié. Yrmi est parti en emportant ses secrets. Sans laisser d'adresse... Plus tard, près de la remise où reposent les tracteurs et les outils agricoles, je rencontre Said David Moshe, le directeur des grandes cultures agricoles du kibboutz, fidèle au poste, en grande discussion avec Aviv Atzili, le magicien et directeur du garage mécanique. Said est très aimé et respecté à Nir Oz. Grâce à lui, notre petit kibboutz est célèbre dans tout le pays et même au-delà. Par son travail et son intelligence, il s'est forgé une réputation éclatante en devenant l'un des meilleurs producteurs de pommes de terre en Israël. Ses productions s'exportent dans le monde entier et, avec son accord, d'autres paysans ont eu l'idée de lancer une marque à son nom devenue très populaire : les pommes de terre Dod Moshé (oncle Mosché en français.

Said n'est pas simplement un homme exceptionnellement compétent. Il a aussi beaucoup de charisme. Souvent, lorsque vient la pluie, il lève ses mains vers le ciel, bénit l'ondée nourricière, ravi de sentir l'eau ruisseler sur son visage et humant comme un gamin l'odeur de la terre mouillée. Par son influence positive sur la communauté, il m'a toujours fait l'effet d'une sorte de père idéal : dévoué et chaleureux, travailleur et humble, doué d'une capacité inouïe à trouver des solutions à n'importe quel problème. Il n'a pas son pareil pour enlacer son prochain d'une manière très réconfortante. Il chante aussi merveilleusement bien. Lors des fêtes hébraïques, il ne résiste jamais au plaisir de nous impressionner par la puissance de sa voix de baryton. Cela fait beaucoup rire son épouse Adina, que j'aime aussi beaucoup.

À ses côtés, Aviv Atzili tient dans sa main une roue en fer dentée et légèrement rouillée et, après l'avoir retapée, il souhaite à présent l'orner d'un motif emblématique : un tracteur traçant ses sillons dans le sol et un cerf bondissant de panique. Il a déjà préparé ses pinceaux. Il promet à Said qu'il aura fini avant la semaine prochaine. Aviv est un artiste qui

vient juste de présenter sa première exposition. Et un causeur infatigable. C'est pourquoi je me presse de récupérer les fruits et légumes de nos cultures et je remonte vite en selle.
Je passe par l'avenue des Jacaranda. Ici, au printemps, le sol se nimbe d'un tapis de fleurs violettes, l'air s'emplit du bourdonnement des abeilles. Yossi Vahve roule dans ma direction avec son groupe de motards. Ils forment un gang d'excursionnistes, sillonnant le pays. Yossi est également un photographe qui, au fil des années, a constitué une précieuse collection de ses clichés. En nous croisant, nous échangeons un salut rapide : sans doute est-il en route afin de capturer l'heure bleue dans la rétine de son appareil numérique. La prochaine fois, j'aimerais lui proposer de photographier Shmulick Ram et Oded Lifshitz, mes deux amis octogénaires, qui, assis comme à l'accoutumée sur leur banc près de la barrière du kibboutz vers Gaza, devisent gaiement en attendant le coucher du soleil. De jeunes garçons s'installent parfois aux côtés de ces passeurs magnifiques, silencieux face au charme subtil qui émane de leurs récits des temps passés. Oded est un idéologue, un ancien journaliste, un militant de toujours en faveur de la paix et de la justice. Avec l'âge, sa passion pour le piano n'a rien perdu de sa vigueur et ses doigts courent sur le clavier au rythme de la musique de la

vie. Il a également la main verte. Oded et sa femme Yochke sont connu pour leur magnifique jardin de cactus devant leur maison, un lieu aux allures de Far West où les enfants jouent aux cow-boys C'est un cœur dévoué, un homme d'engagement : ses actes en témoignent. Tant que cela a été possible, Oded a rencontré des Gazaouis au checkpoint d'Erez afin de les conduire dans les hôpitaux israéliens. Il en est fier. Et je le comprends d'autant mieux que mon père faisait aussi la même chose, en allant les chercher et en les raccompagnant au même endroit afin qu'ils puissent se soigner chez nous.

Lorsque je vais chercher Carmela en voiture, nous sommes entre chien et loup, ce moment périlleux de la journée où il ne fait plus vraiment encore jour, mais pas tout à fait nuit. Quinze minutes plus tard, nous nous garons devant chez ma sœur. Mes enfants ne sont pas là. Sahar est passée me voir tout à l'heure au volant de la voiturette électrique de son père, un Club Car, pour m'aider à débarrasser quelques cartons. Elle portait un sarouel et un débardeur blanc. Elle était d'humeur festive. Elle m'a dit qu'ils avaient prévu d'aller pique-niquer ce soir dans la nature, et Rotem se joindra à eux. Ofer a préparé de la viande, des salades, et des *borekas*, qui sont des chaussons salés cuits au four. Nul doute que leur soirée sera joyeuse et ponctuée d'éclats de rire. Ils songent même à dormir

dans le désert... La nôtre aussi a été animée et drôle. Ma nièce Noya nous a parlé avec beaucoup d'humour du dernier *Harry Potter*, dont elle est fan. À la fin du dîner, elle a demandé la permission de rentrer avec nous afin de passer la nuit chez sa grand-mère. Depuis toujours, ces deux-là ont noué un lien très fort. Carmela s'occupe beaucoup de sa petite fille qui, en retour, l'adore. « Maman, est-ce que je peux dormir chez mamie ? » Bien sûr. Et pourtant, je me crispe... Quelque chose ne va pas. Un drôle de pressentiment. Il faudrait tellement apprendre à se faire confiance et à s'écouter. En nous, il y a une voix qui ne ment pas. Dommage qu'en cette fin de soirée, au moment de partir, je n'y ai pas prêté plus attention. Le calme qui règne et la beauté limpide du ciel étoilé chassent en moi le vent noir qui souffle de Gaza. C'est juste un mauvais trip... Tu te fais des idées... Lâche prise ! C'est ainsi que lorsque Noya monte en voiture avec nous, je me tais. Quinze minutes plus tard, je les dépose toutes les deux chez maman. Puis, après les avoir embrassées, je leur dis à demain.
Je ne les reverrai plus jamais.
La vie ne tient qu'à un fil... Ou à une poignée de porte.

2.
Samedi 7 octobre 2023
La mort en face

À l'aube, lorsque la sirène s'est mise à hurler, je n'ai pas pensé à grand-chose. *Tseva adom, Tseva adom. Tseva adom*, ça veut dire « alerte rouge » ! Ce qui signifie que nous ne disposons que d'une dizaine de secondes pour nous réfugier dans notre *mamad* et fermer portes et fenêtres blindées jusqu'à ce que le danger se soit éloigné. Il est 6 h 30. Je me lève et je file comme une automate. Je ne suis pas spécialement inquiète ni sur le qui-vive. J'ai l'habitude.

Une fois en sécurité, je tire la porte derrière moi, mais sans la verrouiller, car la majorité des *mamad* de Nir Oz ne sont pas équipés d'une serrure. Ces abris ont été conçus pour nous protéger des tirs de roquettes, pas d'une attaque de terroristes. Avec la fenêtre aussi,

je ne cadenasse pas le volet métallique et, comme j'ai du mal à le rouvrir, je ne le tire pas à fond non plus, gardant juste un léger interstice pour laisser circuler un peu d'air. L'aurore est rose et déjà brûlante à l'orient. Il va faire très chaud aujourd'hui.
En général, l'alarme aux roquettes ne dure jamais longtemps. En cas de menace plus sérieuse, les autorités nous préviennent en avance. Je n'ai donc aucune raison particulière de me faire du mauvais sang, sinon pour Gadi Haggai et Judith Weinstein, qui ont l'habitude de sortir marcher le samedi matin, ainsi que pour Eliyahu Margalit, qui s'occupe des chevaux à l'écurie. Moi aussi, j'avais prévu d'aller me balader avant d'avoir la flemme au dernier moment. Je me demande si mes amis ont réussi à rentrer en catastrophe ou bien s'ils ont trouvé un coin où se protéger, bien qu'ils ne soient pas du genre à paniquer non plus face aux tirs de roquettes. J'envoie un premier message à Ofer. Est-il en sécurité avec les enfants ? « Oui, tout va bien. » Je vérifie aussi pour ma mère et ma nièce. Elles sont à l'abri. Il n'y a plus qu'à attendre que ça se calme afin de pouvoir sortir, me doucher et commencer ma journée au lieu de poireauter en pyjama, posée sur ma table de soins. Cependant, je suis perplexe. Je ne me souviens pas d'avoir déjà vécu un tel déluge de plomb...

Je patiente en observant les particules de poussière danser dans le rai de lumière qui filtre par la fenêtre. La nature est en fête, malgré le cri prolongé des haut-parleurs qui commence à me taper sur les nerfs. Ce que j'ignore, c'est qu'une apocalypse fonce en ce moment même vers nous à bord de Jeep et de tout-terrain, des brigades armées jusqu'aux dents de kalachnikovs, de mortiers, de grenades, de tous les objets disponibles pour nous faire la peau. Le sanglot déchirant des sirènes n'est en réalité que l'écho de notre impuissance à nous, habitants de Nir Oz, proies faciles car prises au piège dans nos *mamads*. Et quand le tumulte cesse, par intermittence, il règne un silence étouffant. Un silence de mort.

À 7 heures du matin, la lecture du message de ma sœur me fige sur place. « Il y a des terroristes. Ils tirent avec des armes légères. » Mon corps se crispe, submergé par une violente décharge d'adrénaline. Je partage immédiatement la nouvelle avec Ofer : « Galit dit que dans son kibboutz il y a des terroristes qui tirent partout. Ils sont parmi nous. » Je prends également contact avec Rotem, qui réside dans le quartier des jeunes. Il me répond depuis son ordinateur car il a laissé son téléphone à l'extérieur, mais il va bien, gardant son calme. Une pensée me traverse : et si nous fuyions chez Edna ? Edna Graff Ettrog, ma meilleure amie, ma sœur de cœur. Nous partagions tout sur les mêmes bancs de l'école, nos joies, nos peines, nos secrets. Et les années n'ont jamais terni notre complicité, même si Edna a depuis longtemps quitté le kibboutz, dont le style de vie ne lui convenait plus. Elle habite le mochav de Nir Banim, à une heure de voiture à l'intérieur des terres. Chez elle, nous serons en sécurité. J'envoie : « Couleur rouge à la folie. Jamais vu ça. On dirait que nous sommes en guerre. Peut-on venir chez toi avec les enfants jusqu'à ce que nous soyons évacués ? Avec le nombre de missiles qui tombent, il ne restera bientôt plus rien du kibboutz. » Sa réponse fuse, tel un coup de tonnerre : « Bien sûr que vous êtes les bienvenus, mais ne sortez pas. Il y a des terroristes au mochav de Netiv HaAsara. Les routes sont très dangereuses. Ne sortez pas ! Faites très attention à vous. »

La gravité de la situation commence à se faire sentir. Netiv HaAsara se situe à la frontière avec la bande de Gaza, mais à 50 kilomètres au nord de Nir Oz. S'ils ont attaqué là-bas, à Kissoufim, ici, ailleurs encore, cela signifie que nos défenses ont cédé et que nous ne contrôlons plus rien. D'ailleurs, les détonations d'armes automatiques dissipent mes derniers doutes. Nous sommes cernés et l'armée israélienne, Tsahal, ne répond plus, fantomatique. Au kibboutz, le Hamas a déjà investi les fermes agricoles, ciblant avec férocité ceux qui labourent la terre, la fertilisent, éliminant quiconque croise leur chemin. Champs brûlés, exploitations pillées, dévastées, leurs propriétaires sauvagement assassinés, les outils agricoles emportés à Gaza... Sans pitié, la pègre d'Allah massacre également les travailleurs étrangers, des Thaïlandais et des Philippins pour la plupart. Plus tard, des plans détaillés seront retrouvés sur les corps de terroristes abattus, prouvant leur parfaite connaissance des lieux. Qui, quoi, où, comment ? Surarmés, surentraînés, surinformés, nos ennemis connaissent l'identité des habitants de chaque maison. Ils passent maintenant de l'une à l'autre afin de traquer au saut du lit les responsables de la bonne marche du kibboutz. Parmi leurs priorités, ils incendient l'ambulance, neutralisent le *ravshatz*, le responsable chargé de la sécurité, brûlent l'usine de peinture, créant un panache de fumée noire et toxique. Ils ont les mains libres.

Une terreur d'autant plus sidérante qu'elle s'exhibe en simultané et se démultiplie à l'infini à travers les images postées sur les réseaux sociaux. À 7 h 15, je reçois un message de Shai Levinson, la fille de Bracha Levinson, une personne âgée dont je m'occupe souvent, une femme douce et souriante qui travaille à la laverie du kibboutz. Shai m'apprend qu'une vidéo montrant sa mère a été postée sur le mur de son compte Facebook. La vieille dame gît à terre, baignant dans son propre sang, tandis qu'un terroriste, kalachnikov en bandoulière, se dresse derrière elle, filmant fièrement son sinistre trophée. « Crois-tu que ce soit authentique ? » m'interroge Shai, mortifiée. Personne ne peut confirmer ses craintes. Bracha est-elle morte ? J'en ai bien peur, mais je ne partage pas mon inquiétude avec sa fille, je lui promets de revenir vers elle une fois que j'en saurai davantage. Je suis d'autant plus affolée que Bracha habite à deux maisons de chez ma mère. Cependant, le téléphone de Shachar Butler ne répond pas. Ont-ils déjà neutralisé notre chef de la sécurité ? J'alerte très sérieusement Ofer : « Ferme toutes les portes à clé. Des terroristes sont en train de tirer. Ferme à clé et sors ton arme. » J'implore ma mère : « Il ne faut pas sortir du *mamad* et bien fermer toutes les portes à clé. » Mais maman ne semble pas se rendre compte du tragique de notre situation. C'est une femme forte et résistante qui a déjà traversé de nombreuses guerres auparavant. Elle me répond totalement à côté de la plaque : « Mon salon est plein d'éclats de verre, je ne sais de quelle manière commencer ma journée, je me demande comment je vais pouvoir nettoyer ma maison. » C'est donc qu'elle se trouve à l'extérieur du *mamad* ! Je m'arrache les cheveux de rage : « LAISSE TOMBER TON SALON ! IL Y A DES TERRORISTES PARTOUT !! QU'EST-CE QUE TU NE COMPRENDS PAS ? NE SORS PAS DE TON MAMAD !!! » Suis-je la seule à réaliser ce qui est en train de se passer ?

À considérer le communiqué officiel qui vient de tomber, je ne vois pas d'autre explication possible. Il provient du conseil régional d'Eshkol dont nous dépendons. Il est 8 heures. La guerre a commencé depuis presque deux heures et les victimes israéliennes se comptent déjà par centaines. Un texte surréaliste : « Chers résidents, en raison de la crainte que des terroristes ne s'infiltrent dans plusieurs localités de la commune, nous vous invitons à rester à l'intérieur des maisons, verrouiller les portes et rester dans les espaces protégés ou plus protégés disponibles. L'armée effectue des recherches dans la zone et nous mettrons à jour toute nouvelle information. »
À ce niveau de langue de bois, ça n'est même plus de la désinformation, mais, au minimum, de la non-assistance à personne en danger de mort. Je comprends qu'il n'y a vraiment plus personne au bout du fil. Je transfère ce torchon à ma mère : « Tu me crois à présent ? Accroche-toi à la poignée de la porte. Ils peuvent ouvrir de l'intérieur de la maison. » Je me sens trahie. En colère. Jamais je n'aurais habité avec mes enfants aussi près de la frontière si je n'avais eu une confiance aveugle dans la capacité de mon pays à nous défendre. Je m'épanche auprès d'Ofer : « Tout le monde s'est endormi sur sa garde. Comme à Yom Kippour. » Mais aussi : « Pourquoi avons-nous choisi d'élever nos enfants

ici ? » Je suis sonnée par la violence des uppercuts en rafale que je reçois. Je me remémore le premier moment où les roquettes ont commencé à pleuvoir depuis Gaza : je me tenais près de la fenêtre, avec Gaya bébé dans les bras, me sentant totalement vulnérable, me demandant s'il était même possible d'élever des enfants ici. Aujourd'hui, j'ai la réponse que j'attendais depuis plus de vingt ans et à laquelle je ne voulais pourtant pas me résoudre.

Ma gorge est sèche, ma bouche aussi pâteuse que le communiqué du conseil régional. Il fait déjà chaud et je n'ai rien à boire. Malgré la consigne officielle, je n'ai pas stocké de bouteilles d'eau. Je m'en veux d'avoir été négligente. Et bientôt, par ma faute, je perdrai tout contact avec le reste du monde : mon téléphone est sur le point de rendre l'âme. « Va chercher ta batterie », m'a conseillé Edna tout à l'heure. Je lui avais répondu que c'était trop dangereux... D'ailleurs, l'électricité a été coupée, et c'est sans doute une chance parce que la climatisation s'est arrêtée aussi. Sans bruit ni lumière, les terroristes croiront peut-être que la maison est vide. J'envoie mes derniers messages, où j'essaye d'y croire encore, mais qui ressemblent davantage à des adieux qu'à autre chose. Je confie à Edna que j'espère résister. À mes enfants, dans le groupe familial, que je les aime, qu'ils sont ma vie, qu'elle n'a de sens que par eux. « Prenez soin l'un de l'autre. »

C'est alors que je reçois un ultime signe du père de mes enfants : « On est dehors, m'épouvante-t-il, on a dû se sauver par la fenêtre, on est dans les buissons. » Je lui réponds qu'il est fou, qu'il ne faut pas sortir, que les terroristes sont passés chez tous ses voisins. À partir de ce moment-là, je perds vraiment pied et, sans mon fils Rotem pour me soutenir moralement, j'aurais été broyée à mon tour. « Je vous aime beaucoup. J'espère qu'on survivra », ai-je transmis dans le groupe familial. Et Rotem de répondre : « Ça ne sert à rien d'écrire ça, maman. Tu nous stresses ! » Quelques minutes plus tard, je reviens à la charge : « Que chacun donne un signe de vie, s'il vous plaît ! » Personne. Seul Rotem m'envoie un cœur et je lui en adresse un à mon tour. En message personnel, il me cadre : « Maman, arrête tes conneries, tu dois donner une image forte pour Erez et Sahar. » Il a raison. Je n'ai pas le droit de m'effondrer. Dorénavant, le combat sera autant entre les terroristes et moi qu'avec moi-même. Écran noir. Un voile opaque tombe devant mes yeux. La batterie de mon portable a rendu l'âme...

À partir de là, je ressens une sorte d'implosion, de désintégration. À mesure que les fondements de mon bonheur et de ma stabilité s'effondrent les uns après les autres, je suis progressivement happée par le vide. Comment tenir le coup alors que je n'ai plus aucun moyen de joindre ceux que j'aime le plus sur Terre ? C'est à ce genre d'expérience que l'on comprend à quel point l'on est seul au monde. Torture mentale. Je prends ma tête à deux mains, pleurant et criant comme le personnage du tableau du peintre Edvard Munch. Non pas un hurlement audible. Non. Sinon, je suis perdue. Plutôt une explosion silencieuse qui me ravage jusqu'au plus profond de mon être et me donne à comprendre à quel point le monde nous échappe et nous trahit même dans ses aspects les plus familiers et solides. Mon *mamad* ? Pas plus tard qu'hier, il m'était un refuge sacré, bienveillant, cette chambre à moi qui avait avantageusement comblé le manque de celle que je n'ai jamais eue enfant... J'en suis désormais la prisonnière. C'est dans ce lieu où je soignais les traumatismes des autres que j'affronte le pire. Dehors, j'entends le gazouillis des oiseaux en alternance avec les rafales de mitraillette. Lorsque les secondes cessent, le premier reprend de plus belle. Superbe indifférence. Obscène incohérence. En cette matinée éclatante, j'ai l'odieuse impression que toute la splendeur de la Création a choisi de se comporter comme si la saloperie des hommes n'existait pas. Dès que je regarde le rai de lumière qui fuse depuis l'interstice de la fenêtre, je tremble. Et s'ils entrent de ce côté-là ? S'ils débarquent à l'improviste dans mon jardin et tirent le volet mécanique ? À quoi bon m'accrocher frénétiquement à la porte pour finir piégée aussi bêtement par les barbus ? J'aimerais fermer à double tour ce satané morceau de fer dont dépend ma survie. Impossible néanmoins. Je suis comme ces gosses prisonniers de leurs cauchemars nocturnes, s'épuisant à tenter de s'échapper, mais incapables de bouger, les membres paralysés par la peur. J'espère trouver le déclic, sinon je suis foutue. Maintenant que je n'ai plus personne à qui parler, j'invoque Dieu comme jamais auparavant. Je le supplie, l'implore, le mendie de veiller sur mes enfants et leur père. Où sont-ils à présent ? Qu'est-il advenu d'eux depuis ce message que j'ai envoyé quelques minutes avant qu'ils ne quittent précipitamment la maison d'Ofer, espérant échapper aux terroristes : « Je vous aime, vous êtes ma vie. Je vous aime tellement. Je vis pour vous. Prenez soin l'un de l'autre. » Sahar m'avait répondu : « Maman, je t'aime, maman, maman. » Erez m'avait encouragée : « Maman, sois silencieuse, je t'aime. » Leur souci de me réconforter, de me soutenir, me bouleverse également. À leur tour, ils me portent comme je les ai portés. Mes Petits Poucets... Ils trouveront leur chemin de retour à la maison. Je m'accroche à cette lueur d'espoir, car dans la tourmente, le moindre morceau de bois peut devenir une bouée de sauvetage. On appelle ça : une planche de salut. À partir de maintenant et jusqu'au bout du combat qui m'attend, ces derniers mots d'amour de mes enfants seront ma planche de salut. Bien sûr, je suis sans nouvelles d'eux depuis ce moment. Mais je trouve en cela une raison d'espérer. Je peux tout imaginer puisque j'ignore tout. Imaginer qu'Ofer et les enfants ont réussi à regagner le *mamad*, le seul endroit où ils seront en sécurité. Leur père est un homme fort. Pour peu qu'il se cramponne à la poignée de la porte, les terroristes ne réussiront pas à les capturer. Ils s'en sortiront sains et saufs. Nous nous retrouverons dès que le cauchemar prendra fin. Il existe un proverbe hébreu qui proclame : « Pour chaque porte qui se ferme, il y a une porte qui s'ouvre. » Cela s'applique au désir, à la pensée, au travail et, bien sûr, à l'amour. Quand j'ai rencontré Ofer, je venais tout juste de clore la porte de mon existence dans la grande ville. De retour au kibboutz, la silhouette de ce bel homme m'intriguait autant qu'elle m'attirait. Arrivé récemment parmi nous, le nouveau venu m'a immédiatement tapé dans l'œil. Un vrai beau gosse. Coup de foudre total. En apprenant à le connaître, j'ai réalisé que mon intuition était juste. J'avais 35 ans et lui 32. Issu de parents originaires de Salonique, en Grèce, et petit-fils de survivants de la Shoah, Ofer a grandi dans un milieu modeste et a commencé à travailler très jeune. Doté d'une incroyable habileté manuelle et

aimant la besogne, il a choisi de devenir menuisier. Pas compliqué pour un sou, ne courant pas après le fric, préférant une vie simple et tranquille, mais très sérieux moralement. « C'est un homme comme lui que je veux épouser », ai-je confié à Galit.
Quelque temps plus tard, nous sommes ensemble. Pourquoi attendre ? Entre nous, je sais que c'est pour toujours. Il est l'homme que j'aime. Son désir de bâtir une famille chaleureuse, centrée sur le foyer, m'aimante encore plus vers lui. Ofer m'apportera ce qui m'a le plus manqué. Forcément, nous brûlons les étapes, poussés par notre jeunesse et notre envie de construire notre chez-nous parfait. Quand nous décidons de nous marier, je suis déjà enceinte. Gaya pointe le bout de son nez quatre mois plus tard.
Ofer ne voulait qu'un enfant, moi six. Finalement, nous avons trouvé un compromis. Mais quand il a dit stop après notre troisième, je lui ai répondu : « Tu es menuisier, un as de la bricole, combien de pieds a une table ? Tu as compris ? Alors, faisons le quatrième. »
En géométrie, le chiffre 4 est associé à l'harmonie et à l'ordre. Dans la Kabbale, il représente l'équilibre. J'ai toujours souhaité que mes enfants grandissent sur une base solide. Sans stabilité, il est difficile de s'épanouir. Le chiffre 4 symbolise également la Terre et ma fille aînée s'appelle Gaya, la déesse mère de la mythologie gréco-romaine.

Mais rien d'une coïncidence : Ofer et moi, nous étions ravis que le premier fruit de notre amour porte le nom de la Terre qui l'avait vue naître. Elle fut un bébé calme. Encore plus belle que les blés de mon enfance, d'une beauté qui lui servira plus tard lorsqu'elle se lancera dans le mannequinat, avec un charme aussi pur que notre passion. Personne ne pouvait résister à son sourire. Elle a grandi dans son élément au sein d'une nature luxuriante. Belle des champs, elle aussi. Petite kibboutznik à croquer. Très jeune, les médecins lui ont diagnostiqué un trouble déficitaire de l'attention. Pendant un moment, elle a pris de la Ritaline jusqu'à ce qu'elle décide de ne pas continuer. Au fond de moi, j'étais soulagée ! J'avais accepté ce traitement à contrecœur, étant donné ses effets secondaires, avec le sentiment désagréable d'avoir plié sous le poids de la société de consommation. J'ai toujours eu confiance. Je savais que Gaya trouverait son chemin et pas forcément en suivant les sentiers battus et les méthodes d'apprentissages standard. Au lycée, elle a rejoint une école d'art et de musique. Dans l'armée, elle s'est perfectionnée dans la photographie et, aujourd'hui, elle envisage même de partir étudier les beaux-arts en France. À 21 ans, Gaya a la vie devant elle !

Avec mon fils, Rotem, rien n'a été simple non plus. L'accouchement a été un véritable calvaire. J'ai souffert le martyre avant qu'il ne sorte de mon ventre, avec ses 4,5 kilos. Je hurlais de douleur, suppliant les médecins de me faire une césarienne. Mais ils ne voulaient rien entendre. Heureusement, la sage-femme a compris ma détresse, m'a apaisée, guidée : « Je suis maman aussi. Tout ira bien. » Elle a fait preuve d'une immense empathie. J'ai l'impression que c'est grâce à elle si Rotem est enfin venu à la vie. Enfant, il avait l'habitude de tambouriner sans relâche sur les tables de la classe, ce qui nous a poussés à le mettre aux percussions, puis à la batterie. Aujourd'hui, à 19 ans, il joue et compose de la musique. Mais il a déjà traversé des épreuves difficiles. À la fin de sa terminale, les hématologues lui ont diagnostiqué un lymphome de Hodgkin, un cancer du système lymphatique, ce pilier du système immunitaire de l'organisme. Ce fut une période terrible. Il a perdu ses cheveux, a eu un teint cadavérique, souffrait de nausées et de migraines atroces. Je l'ai accompagné tout au long de son combat, mettant ma vie entre parenthèses à la maison, redoublant de vigilance en ville pour éviter qu'il ne soit surmédicalisé. Certains médecins me regardaient de travers, me considérant comme une trouble-fête, toujours à poser des questions, à chercher d'autres avis pour mieux comprendre. Je respecte leur travail, mais je suis convaincue qu'il est possible d'améliorer le confort

des patients en combinant thérapies conventionnelles et alternatives. Je sais que, dans d'autres hôpitaux, ils le font... Pourquoi pas dans celui où était soigné mon fils ? « Pas question », m'a fermement répondu son oncologue. Nous n'en avons jamais reparlé.
Le calvaire de Rotem s'est étiré sur deux longues années. Interminables. Éreintantes pour nous tous, où j'ai souvent craint de le perdre, doutant qu'il en réchappe. Mais, au travers de cette tourmente, j'ai appris une leçon inoubliable : parfois, dans la vie, on ne contrôle rien du tout. Il faut le reconnaître. L'accepter. Et puiser une force dans notre impuissance.

Évidemment, sous la mitraille, mes réflexions ne sont pas aussi linéaires et structurées, mon cerveau fonctionne de manière totalement chaotique et mon corps n'est plus qu'un amas d'humeurs contraires et d'organes en roue libre. Pourtant, en filigrane, une force discrète œuvre en moi. Par intermittence se dessinent les visages, les gestes, les attitudes de ceux que j'aime, les souvenirs des moments fastes et des riches heures de notre petite tribu.
« Maman, je t'aime, maman, maman, maman... »
« Sois silencieuse, maman. » Dans la chaleur désormais étouffante de mon *mamad*, les voix de mes deux derniers, Sahar et Erez, se mêlent à nouveau,

en parfaite harmonie. Sourki, ma gentille petite fille, si sensible et si débrouillarde, avec ses lèvres en forme de cœur. Une adolescente indépendante, sociable et créative, qui aime s'exprimer à travers ses vêtements élégants, consciente du pouvoir de la beauté et de la jeunesse qui l'habite. Elle est naturellement généreuse et attentionnée envers les autres. Erezikou, enfin, mon futur cèdre (Erez signifie « cèdre » en hébreu). Il excelle dans l'art des mots, des rimes, du rap et du slam. Un enfant curieux, intelligent, dont les antennes captent chaque détail et qui arrive à lire entre les lignes avec une aisance déconcertante.

Mes deux anges gardiens veillent sur moi, me prodiguant leur protection dans la misère de mon *mamad*, où la situation devient si désespérée que je me résous à boire le fond amer de l'eau dans le récipient de mon diffuseur d'huiles essentielles et à soulager ma vessie dans une bassine. Aie confiance, Hadas ! À mon tour, je leur adresse des pensées, imaginant une procession d'étoiles de David étincelantes, envoyées vers eux et leur père dans un murmure silencieux.

Et voilà qu'à l'improviste, le chant des oiseaux tinte de nouveau à mes oreilles. Et j'ai le sentiment qu'à présent il me parle. À moi, en personne. Comme pour me sauver des griffes du désespoir.

Un chant d'amour auquel se mêlent la voix et la silhouette de mes enfants.
Non pas un chant d'amour mièvre et à l'eau de rose.
Mais, au contraire, un chant d'amour qui m'exhorte à combattre.
Bats-toi, Hadas !
Parce que l'amour est plus fort que la mort !

3.
Il était une fois dans le *mamad*

« Allah Akbar ! Allah Akbar ! » Les mots retentissent dans ma maison, tranchants et violents comme des lames dans l'air. Les terroristes sont entrés par la porte vitrée à l'arrière sans la fracturer, ce qui me fait penser que j'ai sans doute oublié de la fermer hier. Ils parlent fort, vite, fanatiques et frénétiques. Combien sont-ils ? Assez nombreux pour lyncher une kibboutznik seule, désarmée, pacifique de surcroît, sans autre risque que celui de tacher leurs tenues paramilitaires de son sang.

Je les attendais, ne doutant pas de leur arrivée imminente, sachant qu'ils viendraient me rendre visite avec les mêmes intentions inamicales que lorsqu'ils sont passés dire bonjour à Bracha Levinson tout à l'heure. Au loin, j'ai perçu les échos d'une musique techno, accompagnée de cris se rapprochant, toujours plus près, une marche funèbre et machinale, entraînante et sans âme, se dirigeant vers chez moi. Des jeunes, sans doute, drogués peut-être, soumis à un lavage de cerveau destructeur. À cet âge où ils devraient simplement vivre, ils célèbrent la mort à l'égal d'une fête, peuple des rues maintenu volontairement dans l'ignorance et la misère des caniveaux, propices à la fanatisation, intoxiqué à la haine des juifs et des mécréants, promis au sacrifice par des marchands de la Mosquée amassant sur leurs dos des fortunes en milliards de dollars, des montagnes d'argent ponctionnées sur la manne des fonds internationaux et humanitaires qui financent la bande de Gaza depuis des dizaines d'années. En un mot comme en mille : Hamas.

Le saccage commence. Les islamistes ouvrent mes armoires et vident mes penderies avec rage. Dans la cuisine, ils arrachent les tiroirs, fracassent la vaisselle, et piétinent le reste. Les chambres des enfants ne sont pas épargnées : leurs lits sont retournés pour s'assurer que personne ne se cache dessous. Ils détruisent même les jouets d'Erez. Cassés, éparpillés, jonchant le sol. Ils emportent ce qui a de la valeur. Maintenant qu'ils ont souillé ma demeure, il ne leur reste qu'à m'anéantir aux cris d'« Allah Akbar ». Le problème avec les fous de Dieu, c'est qu'ils peuvent lui faire dire des horreurs et assassiner en son nom sans craindre d'être désavoués, depuis le temps qu'Il s'est muré dans le silence, soit qu'Il n'existe pas, soit qu'Il se soit finalement désintéressé de sa création. Quoi qu'il en soit, ce jour-là, il a bien fermé les yeux.

Je suffoque ! Claustrophobie et panique. Outre les terroristes, je dois surmonter mes propres faiblesses. Avant leur arrivée, j'ai pensé à déplacer ma table de soin contre la porte. Ce geste peut sembler futile, mais il me permet au moins de m'asseoir un instant lorsque les vertiges de mes crises de tachycardie deviennent trop violents. J'aimerais être plus forte, façon super-héros, mais je ne suis qu'une femme comme les autres, qui tremble parce qu'elle tient à la vie, qui cherche à tout prix à s'en sortir. Je me remémore les techniques de psychologie pour lutter contre l'angoisse qui paralyse, les exercices afin d'ériger une barrière mentale contre les menaces extérieures, ainsi que les trois mécanismes de défense en situation de crise : *freeze, fight or flight*, autrement dit figer son corps, se préparer au combat ou prendre ses jambes à son cou. Mais je réalise que ces connaissances théoriques ne me serviront à rien. Dans ma situation, je ne peux ni combattre (à moins d'être suicidaire) ni fuir (risquant de répéter l'erreur de Ofer). Quant à se figer ? Plutôt qu'à la

Reine des neiges, je ressemble au Buisson ardent et mon corps brûle encore plus fort qu'un fagot de laurier dans un brasier. En pratique, seule la respiration peut m'aider à conserver mon sang-froid. Certaines civilisations considèrent l'art de respirer comme un savoir ésotérique, presque sacré. La science moderne a validé la puissance du pneuma. Et je rabâche sans cesse cette bonne pratique à mes patients : « Quand ça ne va pas, prenez le temps de respirer. Vous verrez, ça marche. » C'est ce que je fais, sans relâche, depuis 6 h 30 ce matin.

Mais quand leurs pas résonnent, que leur voix se rapprochent, j'ai le souffle coupé net. Se demandent-ils s'il y a un juif caché derrière cette porte ? Ils cherchent, fouillent, grognent. Jetant mes dernières forces dans la bataille, j'écrase encore plus violemment mes mains sur la poignée afin de bloquer le mécanisme d'ouverture qui fonctionne verticalement, de bas en haut. J'appuie de tout mon poids à m'en déchirer les paumes. Et j'ai mal à en hurler. À en pleurer. Mais pas à en crever, car je me rends compte que, face à la terreur, ma douleur est ma meilleure alliée. Grâce à elle, je me sens vivante. Alors je serre les dents, j'encaisse et j'appuie, prête au pire. J'ai l'énergie du désespoir. Celle qui sauve même ceux qui n'ont aucune chance de s'en sortir.

Et j'ai de qui tenir. J'ai toujours été fascinée par l'amour fou qu'ont vécu mes grands-parents paternels, leur existence engagée, active, périlleuse aussi. Pendant ses nombreuses années d'invalidité jusqu'à ses derniers jours, ma grand-mère a couché sur le papier le récit tumultueux de son existence, mêlant le roman d'aventures à la profession de foi, l'idéal à l'action. C'est William Jaoui Dan, son mari, qui a préfacé son autobiographie. Il la connaissait bien, ils avaient passé leur vie ensemble, cinquante ans de mariage : « C'est l'histoire émouvante, originale, pleine d'aventures d'une jeune femme belle, intelligente, vive et généreuse, chrétienne, antiraciste, étudiante en droit qui a eu le courage insensé d'épouser un jeune juif tunisien, étudiant en médecine sous l'occupation allemande à Paris, à la mairie du Ve arrondissement. » Professeur de médecine réputé, William Jaoui avait le sens du diagnostic et de la formule. À travers son portrait de Ginette, je retrouve une partie de moi-même : cette ouverture d'esprit, cette intégrité, ce combat pour un monde meilleur. Leur fuite de Paris à Marseille à vélo à travers la France occupée jusqu'à leur alya en Israël, en 1950, les a placés parmi les pionniers d'un sionisme des origines. Ils rêvaient d'un État d'Israël non pas comme un monstre froid, mais comme un rêve à concrétiser. C'est ce combat qui m'anime toujours et que je partage avec une immense partie de mon peuple, malgré les défis auxquels nous sommes confrontés aujourd'hui, objet de la haine d'une mafia totalitaire prônant la destruction d'Israël et l'extermination des juifs. Jusqu'à présent, j'admirais Mamie Histoire d'avoir été capable de mettre sa vie en péril dès lors qu'il s'agissait de défendre ses convictions. En m'entêtant à rester à Nir Oz malgré le danger, je n'ai pas voulu suivre son exemple, encore moins être héroïque. J'ai juste été bête de ne pas prendre mes jambes à mon cou et de ne pas mettre ma famille à l'abri tant qu'il en était encore temps.

Do or die ! Les terroristes tentent d'entrer à deux reprises mais rien ne cède. Je m'accroche. À présent qu'ils sont les maîtres, je crains que cet obstacle à leur toute-puissance ne les rende encore plus fous furieux. Ils gesticulent et s'apostrophent, tandis que je presse frénétiquement la poignée, mais pour combien de temps encore ? Et voilà que ces diables lâchent prise... En un éclair, je réalise qu'ils vont essayer de passer par la fenêtre. Je cours, je vole, je tire le rideau de fer en catastrophe. Et que s'est-il passé ? L'instant d'après, ils frappaient sur la paroi en métal en essayant de la forcer. Puis ils sont repartis, me laissant stupéfaite de m'en tirer aussi facilement. Provisoirement sans doute. N'empêche ! Ce répit

est une première victoire. David qui triomphe de Goliath. Je suis vivante. Alléluia.
Pourquoi ont-ils été moins acharnés à mon égard qu'avec d'autres ? Cette question, elle me hante depuis le 7 octobre. Pourquoi moi, et pas Avner Goren, mon camarade de classe ? Un homme sensible, discret, un peu timide. Un littéraire qui écrivait admirablement et qui n'aurait pas fait de mal à une mouche, curieux, très cultivé, si proche des autres qu'il ne leur refusait jamais aucun service. Un chic type. Le connaissant, il a lutté jusqu'au bout. Et pourtant, ils ont fini par entrer et le massacrer. Il en va de même pour Gideon Pauker, qui travaillait à la direction du kibboutz. Gideon était l'un de nos vignerons. Lui et ses compagnons avaient planté un beau vignoble (celui que le Hamas a traversé pour rejoindre le portail de la barrière de Nir Oz), ces vignes qui produisaient un vin aux arômes du Néguev et qu'ils préparaient au *miklat*, un abri souterrain où nous avions trouvé refuge lors de la guerre du Kippour. Le vendredi, Gideon et ses compagnons, dont l'agronome Gadi Mozes, lui aussi otage à Gaza, se retrouvaient autour d'une bonne bouteille et d'un plateau de fromages français. Ils aimaient d'autant plus ces moments de partage et ces plaisirs simples qu'ils travaillaient dur le reste de la semaine. Gideon, ils l'ont achevé à travers la porte. Orna, son épouse, était à ses côtés. Blessée

au bras, perdant beaucoup de sang, elle a tout fait pour sauver son mari jusqu'à l'arrivée des soldats qui l'ont emportée, mais qui n'ont récupéré le corps de Gideon que le lendemain. Et j'en suis d'autant plus furieuse que nos portes étaient censées être blindées ! Ah bon ? Les balles ont pourtant aisément transpercé le blindage de la sienne, si bien qu'il en avait le corps criblé lorsqu'on l'a retrouvé. Et Said Moshe aussi. Les islamistes ont tiré à travers, l'ont grièvement blessé, son corps a bloqué la porte du *mamad*, mais ils sont finalement passés par la fenêtre. Lorsqu'ils ont kidnappé Adina, Said a eu ce dernier geste qui lui ressemble tant : il a porté une main à ses lèvres, il a embrassé ses doigts et les a tendus vers elle, avant d'être finalement abattu.

Galit et moi en avons souvent discuté. Dans son kibboutz à Kissoufim, les *mamad* étaient équipés d'une barre de fer. Juste après son déménagement, elle avait brièvement envisagé de s'en débarrasser avant de se raviser. C'était un peu la loterie dans la région. Un kibboutz disposait d'une protection supplémentaire et celui d'à côté n'avait pas de système de verrouillage fonctionnel. Les habitants ne s'en préoccupaient guère car, je le répète, une attaque d'une telle ampleur était tout simplement impensable. D'ailleurs, pendant longtemps, il n'y avait pas de *mamad* du tout ! C'est la raison pour laquelle nous avions décidé d'aller vivre dans un kibboutz plus à l'intérieur des terres. Je n'en pouvais plus de voir mes enfants livrés à l'anxiété et au danger. Puis, les autorités ont finalement décidé d'équiper chaque habitation d'une pièce sécurisée. Et c'est pourquoi j'ai accepté de retourner à Nir Oz, épousant l'idée rassurante que les *mamad* constituaient une solution satisfaisante face aux actes de guerre – attentats, tirs de roquettes et de missiles, incendies des champs – que nous subissions à haute fréquence depuis si longtemps.

Le réveil n'en a été que plus cruel. Huit heures durant, j'ai appuyé de toutes mes forces sur une poignée dans l'espoir de m'en sortir. Pas un instant je n'ai osé la relâcher. Je me répétais : « Peut-être qu'ils essaient de me tendre un piège ? Les terroristes vont simuler leur départ, puis revenir sur la pointe des pieds ? » Plus je prenais conscience de la folie de ma situation, plus ma frustration augmentait : « Mais où est passée l'armée ? Pourquoi je n'entends pas nos soldats ? Où sont-ils ? Pourquoi tardent-ils autant ? Où sont nos hélicoptères ? » Et je tendais l'oreille. Mais rien, sinon les crépitements des armes automatiques et les cris de victoire des islamistes. Au début, j'ai été interloquée. Ensuite, j'ai pensé à une conspiration. À la fin, je me suis persuadée que le gouvernement nous avait vendus au Hamas et que les responsables devraient payer pour leur crime et

qu'il faudra diligenter des enquêtes afin que lumière soit faite et justice rendue.
On n'imagine pas combien les pensées deviennent chaotiques lorsque l'on se sent abandonné. À un moment, comme j'avais vraiment trop mal aux mains, j'ai décidé de retirer mon soutien-gorge. J'ai arraché le coussinet en mousse à l'intérieur pour le placer entre la poignée en fer et mes paumes en guise de protection. Et je me souviens m'être fait cette réflexion : « Je ne voudrais pas qu'on me retrouve comme ça, morte sans mon soutien-gorge. » J'étais dans le dilemme de savoir si je devais l'enlever ou pas. Non par pudeur. Plutôt pour une question de dignité. La dignité et le respect qu'on doit aux autres comme à soi-même sont à la racine de notre humanité. J'ai également imaginé plein d'autres stratagèmes, et cela m'a aidée, même si certaines de mes idées prêtent à sourire. En voyant l'armoire, j'ai envisagé de me cacher à l'intérieur, mais j'aurais d'abord dû en retirer les étagères ! Ou bien me mettre en boule sous mon lit thérapeutique. J'ai même sérieusement réfléchi à utiliser au mieux mon paravent... J'avais la rage de survivre, tout simplement.

Quand j'ai aperçu la barre de traction de mon fils Erez suspendue dans l'encadrement de la porte, j'ai compris que je tenais enfin quelque chose de sérieux.

Malgré ma fatigue, je suis montée sur le tabouret et je l'ai agrippée des deux mains en posant mes pieds sur la poignée de la porte. Le corps tendu, les muscles presque tétanisés, je suis restée un long moment dans cette position, parfois en remerciant Rita, ma prof de gym. Puis j'ai trouvé une solution plus pratique : la descendre pour venir la placer juste au-dessus de la poignée. Eurêka ! Une fois la barre bien fixée et verrouillée, j'ai enfin disposé d'un système de blocage qui m'a procuré un peu de sérénité... même si j'ai continué d'appuyer sur la poignée de toutes mes forces. Tenir bon ! Au propre comme au figuré, c'est la leçon la plus importante à retenir dans la vie. D'autant que, paradoxalement, elle ne tient à presque rien, la vie. Sans la bravoure de mon voisin, Yaron Maor, qui sait ce qu'il serait advenu de moi ? Yaron m'avait déjà dépannée à maintes reprises par le passé, mais le 7 octobre, il a sans doute contribué à me sauver. Ce père de famille dévoué a fait preuve d'un courage inouï. Il a ordonné à son épouse, Lee, d'amener trois de leurs filles se mettre à l'abri – l'ainée avait dormi chez sa grand-mère. Puis il a sorti son arme, prêt à se battre plutôt que de se soumettre. Le reste de l'histoire est digne de Quentin Tarantino. Encerclé par une quinzaine d'assaillants, Yaron s'est embusqué et, lorsque l'un des terroristes a tenté de s'introduire par la fenêtre de la cuisine, il l'a abattu d'une seule balle. En représailles, ses ennemis ont lancé une grenade dans la maison, mais Yaron s'est mis à l'abri jusqu'à ce qu'elle explose. Malgré une deuxième grenade qui n'a pas détonné, une troisième qui a suivi et deux autres encore, il en est sorti indemne. Mais voyant que les autres changeaient de tactique, qu'ils attaquaient par l'arrière, il a retourné la situation en leur vidant son chargeur dessus, tuant certains d'entre eux et repoussant cette nouvelle offensive. Le combat a duré deux heures, jusqu'à ce que Yaron soit contraint de se réfugier à son tour dans la pièce sécurisée.

Et voilà que le film a pris un tour encore plus rocambolesque : « Il était une fois dans le *mamad* », un western-couscous, une tragi-comédie à l'orientale. Yaron a frappé à la porte : « Lee, ouvre, ouvre, c'est moi. » Silence. « Mais ouvre, bon Dieu ! » Silence. « C'est Yaron. » Silence. Le pauvre réalise qu'il est temporairement sourd à cause de la détonation des grenades. Il saisit son téléphone et envoie un texto à sa femme afin qu'elle le laisse entrer. À peine la porte refermée que les terroristes reviennent à la charge, pillant la maison avant de quitter les lieux, pensant qu'il est probablement mort maintenant que l'incendie s'est déclaré. Prise au piège, la famille se trouve en mauvaise posture, obligée de placer une serviette mouillée d'urine sous la porte pour empêcher la fumée de pénétrer. Yaron et Lee ne dialoguant que par SMS. « Yaron, il faut sortir par la fenêtre ou nous allons brûler vifs. » « Non, c'est dangereux. » « Pas plus qu'ici. » Ils décident finalement de faire le grand saut : le père d'abord, puis les trois filles, et enfin la mère, au moment même où surgissent les troupes d'élite israéliennes, la grosse cavalerie. Les soldats, extrêmement nerveux, mettent Yaron en joue : « Jette ton arme. » Elle, blonde et blanche de peau, juive ashkénaze, lui, frêle, le teint olivâtre, sépharade, barbu de surcroît... Et si c'était un terroriste ? Mais Yaron hurle : « *SHEMA ISRAËL ADONAÏ ELOHENOU ADONAÏ EHAD* » (Écoute Israël, Hashem qui est notre Dieu, l'unique Dieu), le cri du cœur juif à l'heure du grand danger, tandis que Lee implore : « C'est mon mari, ne lui tirez pas dessus. »

Par son courage surhumain, mon voisin a attiré l'attention des terroristes présents alentour. Je m'explique mieux qu'ils soient revenus jusqu'à sept fois chez moi : ma maison leur a probablement servi de point de rassemblement avant qu'ils ne repartent à l'assaut de ce fou de Yaron. Occupés ailleurs, ils ne se sont pas occupés de moi comme ils l'avaient sûrement planifié. Je me sens d'autant plus proche de la famille Maor que le père de Lee, Alex Danzig, d'origine polonaise, historien diplômé et très érudit sur l'histoire de la Shoah, a été emmené en otage à

Gaza. Rachel, la maman de Lee a eu plus de chance. Marocaine d'origine, elle est âgée de 70 ans. Elle a raconté que ses deux petites-filles se trouvaient avec elle dans son *mamad* et qu'elles lui ont donné la force de tenir la poignée de la porte.

Les forces spéciales ne sont venues me libérer qu'un peu plus tard, à 15 heures. J'ai entendu des coups à ma porte et une voix en hébreu dire : « Il y a quelqu'un ? » Silence. Puis ils ont repris, d'un ton plus pressant : « Eh, il y a quelqu'un ? » Silence. Non pas que je sois devenue sourde, mais j'ai attendu toute la journée l'arrivée de l'armée et je n'ai pas confiance. « Personne ici. Allons-y, partons » En réalisant qu'ils s'en vont vraiment, j'ai frappé à mon tour, signe que je préfère y croire plutôt que de jouer les mortes. « Ouvrez la porte, ouvrez ! — Non. Qui êtes-vous ? » Les soldats m'expliquent qu'ils évacuent tout le monde et qu'ils vont m'envoyer un code sur mon portable. Je leur réponds que je suis sans batterie. Ils n'ont qu'à revenir avec quelqu'un du kibboutz. Quelques minutes plus tard, j'entends la voix d'Eran Smilansky : « Hadas, ouvre. » Non, pas encore. « Dis-moi le nom de mes enfants ? » Bien. « Et mes parents ? » « Je ne m'en souviens pas, Hadas, mais si tu viens à la fenêtre, tu verras qu'il n'y a aucun danger. » J'entrouvre à peine le volet et je dévisage Eran comme aucun autre être humain auparavant.

Malgré ses traits tirés, il me sourit, ému de me revoir. C'est donc bien vrai. Je suis sauvée. Vivante. Je laisse résonner ce mot magique et j'ouvre enfin cette putain de porte. Sauvée. Mais dans quel état ?! Sur le seuil, j'apparais voûtée, les membres raides, une vieille dame qui revient du royaume des morts vers le règne des vivants, et découvre quelque chose de radicalement différent en elle, un trait inconnu de son caractère. Elle ne s'écroule pas en pleurs, non, ni ne se jette dans les bras de ses sauveurs lorsqu'ils lui annoncent, péremptoires : « Nous sommes venus vous évacuer vers un endroit sûr. » Au contraire, elle les harangue, furieuse, hors d'elle, pire qu'une Cocotte-Minute : « Où étiez-vous ? Bon sang, où étiez-vous pendant tout ce temps ? » Et les soldats savent bien qu'elle a raison cette femme hagarde, cette citoyenne qui enrage. Parce qu'ils baissent les yeux et gardent le silence. Ils sont quatre, grands, jeunes, beaux. Et tandis que je les apostrophe, je sens bien ma tendresse pour eux. Je suis une mère juive. Personne ne peut imaginer de quoi je vais être capable pour arracher mes enfants des griffes du Hamas !

4.
Un pogrom 2.0

Je suis sortie sans même prendre le temps d'aller chercher quelques affaires dans la maison. Dans l'urgence absolue, je marche, ou plutôt je titube sur le sol jonché d'éclats de verre, de vêtements, de linge de maison, de jouets, de livres, de documents, de vaisselle brisée... jusqu'à mes deux cakes à la banane cuisinés hier, écrasés par terre, qui témoignent jusqu'à l'absurde de l'acharnement des terroristes. Une fois dehors, les militaires regroupent les résidents de chaque quartier. Ils ont ordre de nous acheminer en lieu sûr. Ce sera finalement la maison des enfants, semblable à celle que j'ai si bien connue lorsque j'étais petite, où je m'apprête à passer la nuit la plus terrible de ma vie. Et cette fois, personne pour me laisser un mot d'amour sur ma table de chevet.

Nous avançons. Les soldats nous entourent. Afin de nous protéger mais également de nous épargner le spectacle d'un chaos insoutenable. Le kibboutz suinte la mort et la destruction, de nombreuses maisons sont encore en flamme et des cadavres jonchent le sol. Instinctivement, je comprends que les opérations sont toujours en cours, que le danger se dissimule partout, que d'autres terroristes peuvent surgir à n'importe quel moment. Je n'ai aucune difficulté à décrypter la nervosité sur le visage des militaires, dans la manière dont ils avancent les mains crispées sur leur arme. Le stress intense est un virus qui s'est diffusé en chacun de nous désormais. Au loin, une colonne de fumée noire s'échappe de l'usine de peinture vers le ciel. Elle m'évoque l'image d'un bûcher où aurait eu lieu un immense sacrifice humain. Fumée noire de l'enfer. Le soleil va bientôt disparaître à l'horizon, là-bas, derrière Gaza, ensevelissant avec lui mon jardin d'Eden à jamais disparu.

Sur place, les survivants entrent par grappes. Regard hagard, mine défaite, ils errent sans trop savoir quoi faire de ce corps qui leur est à charge. Je remarque ceux dont les familles ont été épargnées. Ils trouvent soutien et réconfort dans les bras les uns des autres. Quelle chance. Moi, je suis seule. Sans personne pour m'étreindre. Mes trois enfants ne sont pas là. Ma mère et ma nièce non plus. Et nulle trace d'Ofer. Et si j'étais la seule survivante ? Un frisson me parcourt l'échine. Jamais je ne me suis sentie moins à ma place que dans ce lieu auquel j'appartiens pourtant par toutes mes racines.

Dès mon arrivée à la maison des enfants, je me suis précipitée pour recharger mon portable, non pas comme ces ados incapables de vivre sans mais, justement, parce que ma vie en dépend. Mon anxiété a repris le dessus. Urgence de savoir. Comment vont-ils ? Vais-je les retrouver sains et saufs ? J'appelle. Personne. J'insiste. Je laisse sonner dans le vide puis j'essaie de les joindre par textos. À Ofer, je demande : « Est-ce que tout va bien ? Je me trouve à la maison des enfants. » Rien. Et sur le groupe WhatsApp familial, je supplie Sahar et Erez de me répondre. Silence. Il n'y a qu'Edna que je parviens à contacter : elle était morte d'inquiétude d'être restée sans nouvelle, mais me confirme qu'Ofer est injoignable depuis ce matin.

En panique, j'accoste une patrouille de militaires. Peuvent-ils m'escorter jusqu'à la maison d'Ofer ? « Mes enfants sont là-bas, dis-je, ils se cachent peut-être dans les buissons. Il faut aller les secourir. » Ils me répondent par la négative. Impossible. Plus tard, j'en trouve finalement un qui cède au désespoir d'une mère. Mais pas question de l'accompagner. Il fera ce que je demande, mais je ne dois pas bouger d'ici jusqu'à son retour. Je peste parce que je connais bien mieux l'endroit que lui. Mais je garde le silence. Il est si gentil que je ne veux pas le brusquer inutilement. Aux environs de 18 heures, je retrouve enfin Rotem. Il fait déjà nuit, le soleil se couche tôt en Israël à cette période de l'année. J'éprouve un immense soulagement et nous tombons dans les bras l'un de l'autre. « Maman, tout va bien. » Je l'étreins encore plus fort. Mais je n'arrive pas à m'apaiser. En mon for intérieur, je ne suis qu'une boule de nerfs et d'angoisse. Je lui explique, incapable de taire mes émotions. « Non, mon chéri, tout ne va pas bien. Personne n'est là. Est-ce que tu vois Sahar et Erez ? Est-ce que tu vois ton père et ta grand-mère ? Oh ! mon Dieu, non, tout ne va pas bien. »

Trente minutes plus tard, j'essaye à nouveau de communiquer avec Carmela. En espérant confusément qu'elle réagisse, j'enregistre une note vocale : « Maman, on nous évacue. Est-ce que tu vas bien ? On évacue tout le monde des *mamads*. Je vous ai envoyé quelqu'un, j'espère qu'ils arriveront à temps. Envoie-moi un signe de vie. » Non loin de moi, vision insupportable et d'autant plus terrible que son époux, le créateur et artiste Haïm Peri, a été emporté de force par les terroristes. Osnat, la gérante de la communauté, dresse déjà la liste provisoire de ceux qui sont morts, de ceux qui ont été kidnappés et de ceux dont on ne sait toujours rien, qui sont appelés « les portés disparus ». Drora, la voisine de ma mère, m'a dit n'avoir rien vu, rien entendu. Et les recherches menées pour les retrouver dans le kibboutz n'ont rien donné. J'enregistre sans trop comprendre. Je suis incapable de réfléchir. J'ai l'impression qu'on m'a lavé le cerveau à mon tour. Quand des membres de ma famille élargie en Israël s'inquiètent et insistent pour avoir des nouvelles de nos disparus, je trouve quand même la force de leur répondre par message : « C'est l'enfer. Ils sont assassinés ou kidnappés. » Machinalement, je me mêle aux autres. Désormais remplie, la salle dispose d'un vaste espace, mais elle est conçue pour accueillir des enfants et non les survivants d'un massacre ! Les groupes se font puis se défont. Je dérive. J'ai la dégaine d'une somnambule. Nous nous enlaçons, nous nous réconfortons. Je consacre le peu d'attention dont je suis capable aux personnes âgées. Certaines me racontent avoir miraculeusement survécu en se cachant sous leur lit ou dans leur placard, tandis que les premières rumeurs de kidnapping d'enfants commencent à circuler. Nos conversations sont très décousues et les soucis du quotidien y occupent une part importante.

Celui-ci se plaint que les terroristes lui aient volé sa télévision, celle-là peste que ses ustensiles de cuisine aient été cassés. J'ai beau savoir que les pensées-écrans ont pour fonction de nous permettre d'occulter l'impensable et l'inexprimable, la tragédie que nous traversons m'en donne une conscience particulière. Toujours cette fuite face à la mort, ce besoin d'effacer une perte par une autre qui, celle-là, n'a aucune importance. Ayant pris le réfrigérateur d'assaut, mes compagnons de misère mangent avec appétit les victuailles qui leur tombent sous la main. Ce matin, ils ont trouvé refuge dans leur *mamad* et, ce soir, dans la nourriture. L'effacement et l'oubli peuvent bien être des conditions nécessaires à l'existence, toujours est-il que je me sens bien incapable d'avaler quoi que ce soit. J'ai l'estomac noué et la nausée.

On dira : « Mais ces gens-là sont des durs, ils en ont vu d'autres. » C'est juste. Ils ont vécu la plupart des guerres auxquelles a été confronté le pays depuis sa création en 1948. Mais ils n'avaient pas connu le pire comme leurs ancêtres. Faibles et les mains nues, ceux-là ont été massacrés aussi bien en Orient qu'en Occident parce qu'ils étaient juifs, et c'est la raison pour laquelle mes grands-parents ont participé activement à la création de l'État d'Israël : ils ne voulaient plus vivre sous le joug de quiconque, ils souhaitaient disposer d'une terre – celle de leurs aïeux – où pouvoir vivre et se défendre. Ils refusaient que dorénavant leurs enfants soient contraints de grandir sous l'épée de Damoclès des pogroms et autre « Solution finale », auxquels ont été livrés tant d'individus de notre peuple pendant des millénaires. Mais l'histoire est un perpétuel recommencement. Au moment même où nous pensions être à l'abri, où nous avions la certitude que des monstruosités pareilles ne pourraient plus se produire, voilà qu'elles ressurgissent du fond du passé. Ce soir-là, dans cette salle où nous sommes entassés, ce n'est pas une catastrophe naturelle qui nous a frappés, mais le mal absolu sous son visage le plus hideux. Les soldats ne nous gardent pas enfermés dans la salle seulement pour notre sécurité, mais également parce que, dehors, dans les ruelles, dans les maisons, dans la nuit, partout, ils ramassent les corps, dont certains atrocement mutilés, de ceux et de celles qui ont été les victimes innocentes du premier pogrom depuis la Shoah.

Et quel pogrom ! Un mélange de bestialité inouïe et d'une forme de marketing high-tech dans la mise en scène de l'épouvante. Avant, l'horreur se cachait, c'était un peu l'hommage que le vice et le crime rendaient à la vertu. Aujourd'hui, elle s'exhibe. *Mainstream*. Le Hamas le savait, qui a équipé certains de ses tueurs de caméras GoPro avant qu'ils ne partent à la curée. Les réseaux sociaux et autres médias internationaux ont ainsi été alimentés en direct, dont Al Jazeera, la chaîne d'information satellitaire en continu du Qatar, ce minuscule mais richissime émirat du Golfe qui est aussi le principal bailleur de fonds du Hamas et où résident les principaux dirigeants de la filiale palestinienne de l'internationale islamiste et compagnie. Propagande de l'horreur. Des journalistes et des cameramen ont également « couvert l'événement » dans une chasse au scoop sans foi ni loi. Putain de scoop ! Le 7 octobre 2023, à l'aube, 3200 terroristes ont franchi la barrière de sécurité et ont déferlé dans vingt-sept localités en même temps – villes, villages, kibboutz. Cinq mille hommes supplémentaires se préparaient à les suivre et des milliers de civils gazaouis formaient le reste des troupes. Le Hamas avait divisé ses sections d'assaut en plusieurs équipes spécialisées : les combattants, les incendiaires, les violeurs, les kidnappeurs, les « infirmiers » en charge des blessés ; les pillages étant plutôt laissés aux civils. Dans l'échelle de la sauvagerie, celle qui s'est déchaînée ici rappelle les actions de l'État islamique. Seul mot d'ordre : massacrer le plus de civils et de la manière la plus atroce. Une note retrouvée sur le corps d'un terroriste abattu en atteste : « L'ennemi est une maladie qui n'a pas de remède, sauf la décapitation et l'ablation des cœurs et des foies. »

Je ne découvrirai qu'au fil des jours et des semaines à quel point les ordres ont été exécutés à la lettre. On me parle de ces vieillards qui ont perdu la vie dans d'atroces tortures, ces femmes violées jusqu'à en avoir le bassin fracturé pour avoir été écartelées tandis qu'elles étaient abusées. J'entends parler d'enfants décapités, de bébés égorgés, de familles entières décimées, brûlées vives dans leur maison. Peut-on même raconter la tragédie de cette femme enceinte que ces psychopathes auraient éventrée avant de couper les mains de son bébé, et qui mourra vidée de son sang ? Sur Internet, de nombreuses mises en scène macabres deviennent virales. L'une d'entre elles montre une tête de femme décapitée avec les organes génitaux de son compagnon dans sa bouche. Comme pour bien nous faire comprendre que le même sort nous attend si par malheur nous venions à tomber entre leurs mains. Partout, la dérive d'une humanité livrée à l'immonde et narcotisée au point de détourner le regard plutôt que d'affronter la bête.

Il faut savoir que Nir Oz a été l'un des kibboutz les plus touchés : il comptait près de 400 habitants, dont plus d'un quart ont été soit assassinés, soit pris en otage. Si j'écoute ce requiem, ça n'est pas pour y retrouver les harmoniques de mon propre traumatisme, mais dans l'attente confuse qu'au travers d'un détail, d'une information, je parviendrai à en apprendre davantage sur le sort qui a été réservé à mes enfants, surtout à présent que les soldats m'ont dit n'avoir trouvé personne autour de la maison d'Ofer. Pour l'heure, tout est encore très confus. Mais que l'une des priorités des terroristes ait été de capturer des mômes ne fait plus aucun doute. Eitan, un gamin de l'âge d'Erez, a été enlevé avec sa sœur Yael, leur mère Batsheva Yahalomi et son bébé de 18 mois. Les terroristes ont d'abord blessé grièvement Ohad, son mari, qui avait eu le courage de les affronter hors du *mamad*. Ils ont ensuite forcé la mère et ses trois enfants à les suivre. Et ce n'est que plus tard qu'ils sont revenus récupérer Ohad, plus mort que vivant. J'apprendrai de la bouche même de Batsheva, que j'ai côtoyée par la suite dans notre combat en faveur de la libération des kidnappés, comment elle est parvenue miraculeusement à s'échapper avec Yael et son bébé, et comment elle a vu son fils disparaître à travers champs sur la moto où il était coincé entre deux terroristes. Le piège s'est-il refermé sur mes enfants comme il s'est refermé sur Eitan ? Inutile de me voiler la face. Si tel est le cas, je prie simplement pour qu'ils n'aient pas été séparés de leur père : Ofer saura les protéger. À condition qu'ils soient sains et saufs, évidemment... En sortant sous l'auvent fumer une cigarette, j'aperçois notre *ravshatz*. Il est tard mais comme moi, Shachar n'arrive pas à dormir. Il pleure, la tête baissée, rongé par la culpabilité et le sentiment d'avoir failli à sa mission : nous protéger. Il a été blessé durant les affrontements, mais ses hommes ont été tués, ainsi que d'autres qui ont tenté de lui porter secours. Il se débat. Trop de morts sur la conscience. Trop d'horreurs, notamment celles qui ont frappé la famille Siman Tov, Tamar Kedem, son mari Yonatan, leurs deux filles de 6 ans, Shahar et Arbel, et leur fils de 4 ans, Omer... Les terroristes ont d'abord abattu les parents par balles, puis les enfants ont été pris au piège de l'incendie qu'ils ont déclenché, leur destin tragique scellé par les flammes alors que les monstres poursuivaient leur œuvre funeste ailleurs. Et je compatis à mon tour. J'essaye de le réconforter. En vérité, qu'aurait-il bien pu faire ? J'aimerais aussi lui poser des questions à propos du déroulement de cette tragédie. Mais ça n'est pas le moment. Alors, je repars ruminer seule dans mon coin.

Une vision m'obsède au regard des premiers témoignages que j'ai pu recueillir. La confiance et la tranquillité affichées par les terroristes. Ce sentiment d'impunité inscrit sur leurs visages, comme si aucune menace n'avait plané sur leur tête. Ils sont entrés chez les gens comme chez eux. Ils ont pris leurs aises. Ils ont pillé les garde-manger, se sont attablés, ont presque pris le temps de festoyer. Et c'était une marque de plus de leur domination que cette absence de nervosité, cette jouissance de dispenser la terreur qui les animait. Pas uniquement celle des hommes de la branche armée du Hamas proprement dite, mais également celle de civils arrivés dans leur sillage et qui ont pris le temps de bien achever le travail. Parfois, ils sont allés jusqu'à obliger des personnes âgées à leur servir le café avant de reprendre leur besogne hideuse, comme d'autres retournent aux champs ou à l'usine après leur pause-déjeuner. Et nous ? La frontière défendue par une dizaine de chars seulement, parfois vétustes, des bases militaires dégarnies, comme si, à l'abri de la clôture, nous n'avions rien à craindre. Et maintenant, dans cette salle où nous sommes des réfugiés dans notre propre pays, je m'étonne que les autres aient réussi à trouver le sommeil. Pour ma part, j'en suis incapable. Alors, je pleure. « Toi, tu as pleuré toute la nuit », m'a dit un petit garçon le lendemain. Il est 2 h 20 lorsque Galit me donne enfin signe de vie. Je la croyais perdue, elle aussi, mon message de la veille étant resté sans réponse. « Pas de réseau. On nous évacue. » Et c'est comme un baume sur les plaies à vif de mes souffrances. Ma petite sœur est vivante, Yiron, son conjoint, aussi : ils se sont abrités dans leur *mamad* sécurisé. Je suis heureuse. Enfin, si l'on peut dire vu la triste nouvelle que j'ai à lui annoncer. « Grâce à Dieu, je te croyais aussi disparue. Maman,

Noya, Ofer et les enfants sont portés disparus. » Nos échanges se poursuivent. Galit m'apprend qu'à Kissoufim également l'armée n'est arrivée que dans l'après-midi, qu'eux aussi se sont sentis abandonnés et que les morts sont nombreux. Quelques heures plus tard, elle veut savoir si j'ai des nouvelles et m'informe qu'ils sont en route vers la mer Morte... Et nous ? Quand serons-nous évacués ? J'ai peur, j'ai hâte de partir loin d'ici, je n'en peux plus d'attendre et d'entendre l'alerte rouge qui ne cesse de retentir dans la nuit, mes nerfs sont à vif. Et s'ils reviennent ? Au petit matin, égarée au possible, j'implore à nouveau les soldats de s'assurer que les enfants ne soient pas dans les buissons.

Plus les heures passent, plus la réalité de notre situation m'est insupportable. Je deviens irritable, agressive, je n'en peux plus d'attendre avec cette impression d'être complètement larguée au milieu des autres. Vivons-nous dans deux mondes parallèles ? Même les échanges avec les personnes âgées me sont désormais difficiles. « Ce qui me trotte dans la tête, c'est l'odeur de pourri dans le réfrigérateur maintenant que le courant a sauté », m'a confié l'une d'elles. Et moi, je pense à son mari disparu. Je n'en peux plus de cette atmosphère de fausse normalité. Tout à l'heure, Galit m'a suggéré : « Le mari de Shai Levinson dit à la télé qu'il y a des photos où l'on voit des gens du kibboutz être emmenés par leurs ravisseurs. Regarde, peut-être que tu apercevras maman. » Eh bien non, je ne regarde pas. Je ne veux pas regarder. Pour voir quoi ? Maman qui s'éloigne sur une moto comme, hier, Batsheva a vu s'évanouir son fils Eitan ? J'ai déjà assez mal comme ça. C'est comme si les salves de roquettes venaient de reprendre dans mon corps, mais en pire. « On dit que le Hamas met les enfants dans des cages », m'a rapporté Edna. Pitié ! Impulsivement, je me dirige vers Shachar. Je l'apostrophe, excédée : « Shachar, mais pourquoi on est toujours là ? Pourquoi on ne fout pas le camp d'ici ? » Il me répond : « Parce que le danger rôde encore autour de nous. » Et je saisis parfaitement ce qu'il sous-entend. Pas besoin de me faire un dessin. Il a raison. Il faut que je me calme. C'est la guerre. Je dois me ressaisir. Respire, Hadas, respire, ça va passer.

Mais non, ça ne passe pas. Plus tard dans la matinée, les militaires nous escortent jusqu'à nos habitations afin que nous puissions prendre quelques affaires personnelles avant d'être évacués. En refaisant la route en sens inverse, je traîne à nouveau les pieds dans mes tatanes. C'est que je n'ai aucune envie de retourner dans ma maison. À quoi bon ? De quoi ai-je besoin ? On n'a besoin de rien en réalité. Rien, sinon de sauver sa peau. Arrivée sur le perron, je demande aux soldats d'aller vérifier que nous sommes en sécurité. Sans cela, pas question que je franchisse le seuil. « Oui, rien à craindre, m'assurent-ils après une inspection poussée. Vous avez quelques minutes pour prendre les choses qui vous sont chères. » J'entre à reculons. Je ne me sens plus chez moi dans mon petit temple profané, avec seulement quelques pots de fleurs et un ou deux vases qui ont survécu au carnage. Je ne trouve pas mon sac à main avec mon passeport et ma carte de crédit à l'intérieur. Mais j'aperçois le linge de Rotem : tout propre, bien plié, qui sent bon, vestige d'un bonheur domestique bel et bien disparu. Je lui prends quelques affaires. Je veux quand même qu'il ait quelque chose à se mettre, mon fils. Et, comme les militaires me crient de me dépêcher, je saisis à la va-vite un tricot, un pantalon, une enveloppe de billets qui était bien planquée et une paire de chaussures confortables à la place de mes nu-pieds. Voilà, j'arrive ! Par réflexe, j'éteins en passant une lumière qui brille bêtement dans le vide. Adieu foyer, refuge, *home sweet home* ! Plus jamais je n'y remettrai les pieds. Plutôt mourir !

Dehors, nous restons un moment à attendre comme des imbéciles que l'un de mes voisins nous rejoigne. Je m'agace et houspille les militaires : « Mais allez le chercher ! » Et voilà le retardataire qui surgit, en se dandinant comme un canard avec une valise pleine à craquer au bout de chaque bras. « Ils n'ont pas dû passer chez lui, ma parole. » Il y a de quoi devenir sarcastique quand on voit la manière dont les gens réagissent face au danger. Et maintenant, sur le chemin du retour, c'est au tour d'une autre de mes voisines de s'inquiéter qu'une majorité d'entre nous soient restés sans cartes de crédit. Elle fait des pieds et des mains pour que l'on passe à la comptabilité du kibboutz prendre l'argent qui est à l'intérieur du coffre-fort, et les soldats se rangent rapidement à son avis. « Attendez ! Vous êtes cinglés ou quoi ? Il y a des terroristes encore un peu partout et on va prendre le risque de se faire descendre pour une poignée de shekels ? » C'est rare que je me mette en colère, raison de plus de nous scinder en deux groupes. Moi, je rentre. J'en ai plus que ma claque de cet asile de fous.

Une fois de retour à la maison des enfants, je suis encore très énervée car, lorsque j'ai revu Rotem, que je lui ai donné son linge et qu'il m'a expliqué vouloir quand même repasser chez lui prendre des affaires, j'ai bien été obligée de le recadrer à mon tour : « Non, je t'ai apporté des vêtements. » Il m'a rétorqué : « Maman, je vais voir ce que je peux récupérer chez moi, j'ai tout mon matériel de DJ là-bas. Arrête un peu avec ton hystérie. » Et moi, du tac au tac : « On peut tout racheter sauf ta vie ! »

Nous sommes restés encore quelque temps dans l'incertitude la plus totale. Et j'ai cru que je ne sortirais jamais de toute cette absurdité. À 17 heures, trois bus sont arrivés qui ont stationné... à 200 mètres de la maison des enfants. « Sortez avec vos bagages et attendez ! » Drôle de consigne ! J'en ai fait la remarque aux soldats : « Mais il y a encore l'alerte rouge. C'est dangereux de sortir. » Et à ce moment-là, je les ai tous vus se précipiter avec leur valise, les vieux, les enfants, les hommes et les femmes. Ils se sont posés dehors. Sur la pelouse ! Et comme la télévision avait eu la bonne idée de sortir le scoop du siècle en expliquant que l'on nous évacuait à Eilat, j'ai forcément pensé que nous étions une cible encore plus facile maintenant. Mais passons… Une fois dans le bus, je me suis assise derrière le chauffeur et je l'ai supplié de partir. « Avançons ! Qu'attendez-vous ? » Impossible. J'avais d'autant plus hâte que Gaya m'avait achevée en m'annonçant peu avant qu'une vidéo de la capture d'Erez aux mains des terroristes circulait désormais sur le Net. Plus aucun espoir ne m'était permis. Fuir là-bas fuir. N'importe où loin d'ici. Cependant, il a encore fallu passer un temps fou à cocher sur la liste ceux qui étaient là et ceux dont il fallait ajouter le nom ou qui manquaient à l'appel. Enfin, vers 19 heures, notre convoi s'est élancé, direction Eilat.

Et il s'en est fallu de peu que nous n'opérions un demi-tour, parce qu'un message a été envoyé qui interdisait de rouler par crainte des terroristes, un autre bus ayant été la cible de tirs – nous apprendrons plus tard en avoir essuyé aussi. Heureusement, notre convoi a continué son chemin, encadré par deux véhicules de l'armée. Sur la portion de la route 232 qui traverse l'enveloppe de Gaza, le paysage était d'outre-monde. À intervalles réguliers, des voitures calcinées jonchaient la route et les militaires écartaient encore des cadavres afin que nous puissions passer. Ce n'est qu'une fois dépassés les kibboutz de Tzéélim et Révivim que j'ai pu commencer à respirer. Et encore, le répit a-t-il été de courte durée. Pauvre de moi. Car au fur et à mesure que nous nous sommes enfoncés plus profondément dans le désert du Néguev, une sensation atroce m'a progressivement envahie. Un mal qui m'a transpercé le corps. Une torture supplémentaire après trente-six heures sur le grill, à la manière d'une énième peau d'oignon qu'on viendrait à retirer et qui m'a fait pleurer toutes les larmes de mon corps. J'ai senti que je faisais fausse route. Parce que si ma raison n'avait pas cessé de me dire tout au long de la journée qu'il fallait m'en aller au plus vite, maintenant c'était mon cœur qui parlait. Il saignait à en mourir et me criait « Hadas, Hadas infortunée, que fais-tu ? C'est à Gaza que sont tes enfants, c'est là-bas que tu dois aller. »

5.
Dans l'œil des médias

Vers 23 heures, nous sommes arrivés à Eilat, la célèbre station balnéaire israélienne sur la mer Rouge. Relogés en urgence absolue à l'Isrotel Yam Suf, un complexe hôtelier situé un peu en dehors de la ville et réputé pour son activité de plongée sous-marine. Malgré l'heure tardive, la foule nous attend. Compacte. Fraternelle. Sous le choc. Beaucoup pleurent, d'autres chantent, d'aucuns agitent des drapeaux. Et, au fur et à mesure que nous descendons du bus, réfugiés dans notre propre pays et happés par l'air sec du désert, nos compatriotes nous enlacent et nous témoignent leur compassion dans ces heures dramatiques. Le gouvernement n'est pas là. Mais le peuple, si. « Vous êtes des héros. » Et je réponds d'une phrase qui m'accompagnera longtemps et que je répéterai encore et encore : « Nous ne sommes pas des héros, nous sommes des survivants ! »

Chancelante, peinant à tenir sur mes jambes, le visage défait et les yeux gonflés d'avoir autant pleuré, je me laisse porter par ce flot d'amour. À l'intérieur de l'établissement, je ne prête aucune attention à la beauté et au luxe du lieu ; à vrai dire, je ne les vois même pas. Je ne me souviens que des sourires bienveillants et des gestes emplis de compassion du personnel chargé de nous accueillir. Ils nous aident, nous donnent les consignes importantes, nous expriment leur total dévouement. Et je reçois cette empathie comme un rempart protecteur. Je réalise à quel point, en pleine crise, mon peuple est capable de se dresser face à l'adversité. L'élan de solidarité se diffuse à la vitesse de la lumière : nous sommes des frères et sœurs, soudés, jamais plus forts que dans l'énergie du désespoir. J'y puise quelques raisons d'espérer : nous traverserons ces heures sombres comme celles que nous avons traversées par le passé. Tout ce dont nous avons besoin se trouve à notre disposition. Depuis hier, dans tous les foyers, chacun se demande comment apporter réconfort et entraide. Les dons affluent des quatre coins d'Israël. À l'hôtel, une salle entière déborde de vêtements pour les hommes, les femmes, les enfants. De toutes les tailles, de toutes les couleurs. Pulls, pantalons, chemises, chaussures, mais également livres, jouets pour enfants, soins d'hygiène, produits de première nécessité, nourriture, jusqu'à ces improbables boîtes de Bonzo (une marque de croquettes pour chien) qui pourraient prêter à sourire dans d'autres circonstances. Je m'interroge et m'émerveille : « Mais comment ont-ils fait en si peu de temps ? Quelle solidarité. Quel peuple magnifique nous sommes ! » Parmi ces dons, je choisis machinalement une paire de baskets confortables, des vêtements neufs, de qualité, à la mode. Une pensée cruelle envahit mon esprit : Sourki et Erezikou auraient sans doute apprécié quelques-uns de ces articles. Et soudain, je ressens comme un coup de poing dans le ventre d'une violence inoubliable. J'ai beau être entourée, soutenue, aimée, je suis seule. Mes enfants, à ce moment-là, je me les représente en train de déambuler à Gaza aux mains des terroristes. Je suis prise d'un tremblement du diable, un cliquetis de squelette. J'attrape rapidement la clé de ma chambre et je m'effondre sur mon lit de tout le poids de mon chagrin.

Le lendemain, à mon réveil, je parcours la chambre du regard. Ici aussi, ils ont pensé à ce dont je pourrais avoir besoin. Les vêtements récupérés sont plus beaux que ceux que j'avais à la maison, mais l'envie ne m'effleure même pas de les essayer, pas plus que je n'imagine à quel point ils me seront bientôt utiles, indispensables, providentiels, lorsqu'il s'agira de donner de la respectabilité et de la dignité à une mère dont la seule issue possible face à la folie qui la guette sera de hurler sa peine et sa colère devant l'œil impitoyable des caméras pour qu'on lui rende ses enfants. Je n'ai pas la moindre idée non plus du combat qui m'attend, du chemin que je vais devoir arpenter avant de pouvoir serrer mes enfants contre moi à nouveau, mais je ne perds pas un instant. Je me mets immédiatement en marche. Au lieu de me morfondre, je connais un premier sursaut en contemplant le soleil qui baigne les flots, avec le Sinaï en toile de fond, un spectacle d'une force et d'un magnétisme sublimes. Je m'habille et rejoins au plus vite mes camarades du kibboutz. Comment se sentent-ils ? Quel est leur état d'esprit ? Je les croise les uns après les autres, déambulant furtivement, l'ombre d'eux-mêmes, le regard apeuré, les mandibules serrées, dans un état de détresse incommensurable, et cela suffit à me plomber le moral à mon tour. J'ai beau me démener, je suis encore plus fragile que du verre. Brisée au point que je n'arrive même plus à entendre sans effroi la langue arabe parlée par certains employés de l'hôtel. En passant devant le buffet, la profusion et le fumet des plats à notre disposition me dégoûtent ; j'ai l'estomac noué à la pensée que mes enfants n'ont sans doute rien à manger. Je m'éloigne en courant afin de calmer ma nausée.

En début d'après-midi, je retrouve Edna. La veille, au moment de quitter Nir Oz, je lui ai envoyé un message pour lui dire que nous étions finalement évacués à Eilat. Malgré le danger et le chaos du pays, elle a quitté sa maison de Nir Banim pour être auprès de moi. Comme durant notre enfance ou lorsque nous avons partagé le même appartement dans notre jeunesse, sans même le lui avoir demandé, mais parce qu'il ne pouvait en aller autrement, une sorte de code secret entre meilleures amies qui lui a commandé de se tenir auprès de moi. Elle a prévenu sa famille et quitté son travail. Mon amie est professeure à la fac et l'une des meilleures orthophonistes du pays. À l'attention des enfants et des éducateurs, elle a créé une méthode appelée CTG (*Communication Through Games*) et publié plusieurs ouvrages. C'est une femme très structurée qui conjugue empathie et sang-froid. Pour le dire autrement : elle cumule une grande intelligence émotionnelle avec une faculté précieuse d'analyse et de synthèse. Elle possède aussi un don de discernement qui nous sera bien utile par la suite.

Nous ne perdons pas de temps à pleurer ou à nous blottir l'une contre l'autre. À quoi bon ? L'accompagnement psy, l'écoute ? Plus tard. Autour de nous, les psychologues et les assistants sociaux s'activent, sur le pied de guerre. Cependant, quand l'un d'eux s'est offert de m'aider, je lui ai posé la question qui me brûlait les lèvres : « Est-ce que tu peux me ramener mes enfants ? » Mais le psychiatre n'a rien trouvé de mieux que de bégayer quelques phrases toutes faites à la manière des spécialistes pris au dépourvu. D'ailleurs, qu'y a-t-il à ajouter ? Notre tragédie parle d'elle-même : « Alors, non merci... Je n'ai pas besoin d'aides ni de pilules. » Pour l'heure, je me dois de rester lucide, de garder la tête froide et d'agir de manière réfléchie, ce qui signifie mettre de côté mes propres tourments afin de me concentrer sur la seule chose qui importe vraiment : sauver les enfants, les sortir de l'antre de la bête, les ramener à la maison. Il est 10 heures du matin et j'ai l'horrible impression que personne n'est encore au courant que mon kibboutz a vécu un pogrom. Silence radio...

Avec la communauté, nous trouvons finalement la force de réagir. Les jeunes sont particulièrement motivés pour passer à l'action. Edna, moi et quelques autres commençons à nous charger de la communication, mais notre décision découle plutôt d'une dynamique spontanée que d'un plan concerté. D'ailleurs, personne n'a trop envie de parler, de raconter l'horreur. Moi pas plus que les autres, mais je n'ai pas le choix, mes enfants ont été enlevés et, en tant que survivants, nous avons une responsabilité particulière et le devoir de témoigner de l'horreur.

Hier, par l'intermédiaire d'un ex-journaliste, Yossi Ein Dor, j'ai pu entrer en contact avec l'un de ses collègues. Il s'appelle Haim Rivlin. Il travaille pour l'émission « Hamakor », un programme prestigieux de documentaires en Israël. Il a immédiatement pris la route depuis Jérusalem et il est arrivé à Eilat hier soir, à temps pour m'attendre à la descente du bus. Il a été particulièrement choqué de réaliser à quel point nous étions brisés. Lui non plus n'a pas bien dormi. Autour d'une table, Haim propose de me suivre dès le lendemain matin avec son équipe. La diffusion du premier épisode aura lieu dans quelques semaines. Il peut aussi envoyer une interview qui sera diffusée dès le lendemain sur la chaîne pour laquelle il travaille. J'accepte. Mais je dois également m'exprimer ici et maintenant. Autour de moi, les reporters ne cessent d'affluer, en quête de témoignages. Je remarque que quelques rares membres de la communauté parlent à la presse. On me le propose à mon tour. Il est convenu, entre autres, que je serai en direct à la télévision en début de soirée.

Pourtant, je ne me suis encore jamais exprimée devant une caméra. Je suis une femme réservée. Pas le genre à me mettre en avant, encore moins à tirer la couverture à moi. J'ai grandi loin de la télé. Et depuis plus d'un an, je refuse même de suivre l'actualité tant le pays se déchire avec une violence inouïe lors des débats politiques et de société. Je comprends que ça ne va pas être facile, mais surtout que je n'ai pas le droit de me louper ni d'être mauvaise. La pression redouble. Heureusement, la possibilité m'est offerte de bien me préparer. Mon passage est prévu en début de soirée sur deux prestigieuses chaînes nationales : la 12, la plus importante, et la 11, la plus ancienne d'Israël. Je prends donc le temps de m'armer d'un stylo et d'une feuille de papier et je commence à griffonner mes idées dans le désordre. Je rature. Je recommence. Cinq minutes, dix, plus encore, autant qu'il faudra du moment que mon appel au secours est diffusé aux quatre coins du monde. J'ai toujours travaillé de la même manière par la suite, y compris lorsque mon discours sera parfaitement rôdé. Mais je suis perfectionniste. Et j'ai surtout besoin de m'isoler et de me concentrer avant chaque intervention.

À la fin, je parviens à pondre une version à peu près satisfaisante que j'apprends plus ou moins par cœur. Nous avons convenu qu'Edna se tiendra derrière la caméra avec la feuille à la main afin que je puisse la lire en cas de besoin – mais compte tenu de la distance entre nous et de la taille de mon écriture, il est inutile de préciser que ce garde-fou ne m'a pas servi à grand-chose. Enfin, je me jette à l'eau : l'interview se déroule au bord de la piscine de l'Isrotel Yam Suf, pendant l'émission de Keren Marciano sur la 12. Au lieu d'imploser, je laisse éclater une fureur incontrôlable. Face à la compassion de la journaliste, j'enrage : « Vos larmes ne m'aident pas ! Je veux que Bibi pleure aussi ! » Je me retiens même de ne pas frapper la caméra. Je ne me croyais pas capable de me mettre dans un tel état. Et les jours qui suivront ne feront qu'accentuer ma rage. À chacune de ses interventions, Hadas pleure, Hadas crie, Hadas brandit le poing. Cette femme au tempérament volcanique que les Israéliens découvrent estomaqués, je ne la connaissais pas non plus. « C'est une hystérique », commence-t-on à me juger, sans comprendre qu'une mère dont les enfants viennent d'être kidnappés par des terroristes a plein de raisons valables de sortir de ses gonds et de s'affranchir de toute règle de bienséance.

Hors antenne, je m'effondre dans les bras d'Edna dans une crise de larmes incontrôlée, une catharsis nécessaire pour libérer toute la tension accumulée. Nous nous réfugions dans notre QG improvisé, un salon de l'hôtel devenu notre base opérationnelle. Contrairement à ce qu'on aurait pu penser, ma performance n'a pas refroidi les ardeurs de la presse : au contraire, les demandes d'interviews affluent. Maintenant que je dispose enfin d'un ordinateur, je m'efforce de maîtriser les nouvelles technologies de communication : les visioconférences, les réunions

Zoom... Désormais, nos nuits se passent ici, à travailler jusqu'aux petites heures du matin.
La famille aussi est sur le pied de guerre. Galit est apparue à la télévision et s'occupe principalement de la presse française aux côtés de mon oncle paternel, Ishay Dan, qui fera un long séjour en France dans le même dessein. La veille, dimanche, Gaya a publié sur Facebook un texte que je lui avais envoyé. « Je suis dévastée, déchirée, s'il vous plaît, ramenez-moi mes enfants. » Il a fait l'objet d'ignobles commentaires en arabe et en hébreu, mais m'a également valu un précieux soutien. Et désormais, cinq des six enfants d'Ishay s'activent à leur tour sur un groupe WhatsApp qui regroupe notre tribu au sens large : la famille d'Ofer, mais également les cousins de la branche américaine. Certains d'entre eux, nous les connaissons à peine, mais nous échangeons rapidement des centaines de messages par jour. Mes cousins Abbey et Ido se chargent de la presse américaine et anglo-saxonne, puis plus tard Ido s'occupera également de la presse israélienne et établira discrètement des contacts avec les services secrets israéliens. Sa sœur, Lee Dan, traduit en langue des signes, tandis que son autre sœur, Noam Dan, accompagnée de son mari Jacki Levi, devient une ardente défenseure de la cause des otages, prête à aller témoigner devant le Parlement. Sans oublier les cousins d'Ofer, Yifat et Eyal, son

oncle, Shemi, son frère, Nissan, et son épouse, Sharone. Chacun trouve sa place naturellement dans cette effervescence qui favorise toutes les initiatives. C'est ainsi qu'en France, d'autres cousins encore, Fabien Attal et Olivier Jaoui, prennent l'initiative de former l'Association 7 octobre. Leur détermination se manifeste à travers de nombreuses prises de paroles publiques, allant jusqu'à être reçus en audience par le pape François. Pas de chef, mais un esprit d'équipe inébranlable. Côté logistique, on crée un Google Drive en vitesse pour stocker les photos de chaque membre de la famille kidnappé et disparu – dont les clichés récents de maman par Galit... –, les livrets de famille, les passeports israéliens et français, ainsi que la vidéo de la capture d'Erez. Nous aurons ainsi ces éléments sous la main si besoin.

Dès les premiers jours, je me donne à fond et j'arrive à donner trois ou quatre interviews quotidiennement. Et pourtant, je me débats dans un dilemme horrible : je sais qu'à trop braquer les projecteurs sur un kidnappé, je cours le risque de rendre sa libération plus compliquée et de faire monter les enchères. C'est une stratégie à double tranchant que beaucoup d'autres familles dans ma situation préfèrent ne pas suivre. Pour ma part, je suis incapable de me taire. Pendant les huit heures passées dans mon refuge sécurisé, je me suis sentie seule et abandonnée comme jamais. En lâchant la porte du *mamad*, j'ai aussi lâché mes inhibitions. J'ai cessé de faire confiance. C'est à moi de tout mettre en œuvre pour que les gens ne parlent que de la tragédie que sont en train de vivre les kidnappés du Hamas. Leur sort repose aussi entre mes mains.

La visite des deux officiers de Tsahal venus à Eilat informer la communauté le jeudi 12 octobre ne fait que fortifier ce pressentiment. Je les écoute me confirmer l'enlèvement de mes enfants. Je m'enquiers du sort d'Ofer, mais ils ne savent rien. Et pour Carmela et Noya, encore moins. À la fin, ils s'éclipsent en me demandant mon téléphone et en me promettant de me tenir informée. Il est douloureux de comprendre certaines choses. Malgré ses grandes déclarations morales, Benjamin Netanyahou ne m'inspire aucune confiance, même si j'ai veillé à enregistrer des audios à son attention, ainsi qu'à celle de Benny Gantz, le leader des centristes.

Je mange à peine et je préférerais ne pas dormir. Immédiatement après le 7 octobre, mon inconscient s'est verrouillé, mais quand la porte s'est rouverte, au fil des nuits, les Allah Akbar et la musique techno ont recommencé à envahir mes cauchemars. Heureusement, Edna me soutient. Elle absorbe et encaisse même lorsque je deviens odieuse. Elle sait me recadrer lorsque je vais trop loin. Elle m'apaise.

Elle pallie les séquelles d'un stress post-traumatique qui m'empêche de me souvenir de mes codes ou de faire fonctionner le moindre objet technique. Elle me protège la nuit et elle me stimule le jour. Face à la frénésie des journalistes en manque d'informations, d'interventions, de réactions, elle sera ma manager. Lorsqu'elle déclare qu'« on ne fait pas assez de presse », je lui réponds « OK ! Bombarde-moi. » Face caméra, j'ai la chance d'être charismatique, paraît-il. On me veut… et on m'obtient d'autant mieux qu'à ce moment précis, je suis incapable de refuser quoi que ce soit. À n'importe quelle heure du jour ou de la nuit, que je sois épuisée ou non, Sahar et Erez passent avant tout. Je suis tellement engagée que je n'ai plus de temps à consacrer à personne, même à mes deux autres enfants, Gaya et Rotem. Alors je fonce. Je suis un bolide lancé dans une course contre le temps, qui s'écoule en ma défaveur. C'est pourquoi je m'acharne à le prendre de vitesse. Pari fou ? Qu'importe.

Au lieu de dire « Ils vont revenir », je martèle au monde : « Ils reviennent. » Au commencement était le Verbe. Notre manière de s'exprimer conditionne nos pensées. Nos pensées fabriquent nos actes, et nos actes façonnent la réalité. C'est à la base des techniques de programmation neurolinguistique que nous utilisons avec Edna afin de faire face à la pression et de me calmer lorsque je parle aux médias. Le processus doit passer par le corps. Bientôt, j'ai la sensation d'un diamant dans mon cœur, un magnétisme me reliant à Sahar et Erez. Ils sont vivants. Je le sais. Je le sens. Ils reviennent ! Et cette foi rayonne et touche d'autres femmes, mères d'otages ou épargnées par la tragédie, chaque jour plus nombreuses à prononcer ce sésame. Non seulement des femmes, mais également les hommes. Des pans entiers de la société, sans distinction d'âge ni de classe sociale. Par dizaines, des initiatives privées d'artistes et de particuliers commémorent Sahar et Erez au travers d'œuvres et de dessins. J'en reçois personnellement : un diamant, un cœur connecté à mes enfants ; d'autres m'écrivent un poème... Le pain est en train de lever. Une chaîne humaine et solidaire nous relie aux kidnappés.

Après plusieurs jours à Eilat, on décide de partir pour Tel-Aviv. D'autant que nous ne passons aucun moment avec nos camarades de la communauté. C'est au cœur de la capitale économique et médiatique du pays qu'il faut être afin de peser pleinement sur les décisions. L'esprit de mobilisation nationale nous permet de trouver très rapidement un appartement à Tel-Aviv, clé en main et à durée indéterminée. Dès mon arrivée, je contacte immédiatement le Forum des otages, créé au lendemain du massacre par la mère d'un jeune qui participait au Festival Nova – et dont l'enlèvement sera confirmé plus tard. Considérant l'ampleur de la tragédie, cette femme a eu le réflexe de mettre sur pied très rapidement un lieu de rencontre et d'action. Le QG se trouve au centre de Tel-Aviv, sur deux étages, dans les bureaux de son beau-frère, un avocat de renom. Dans la lutte qui commence, le Forum joue un rôle central et s'impose d'emblée comme un espace ouvert et libre de réunions, de discussions, d'aide morale et financière aux familles afin de faciliter les démarches et actions à entreprendre, l'organisation de délégations parcourant le monde à la rencontre des politiques, des diplomates, de tous ceux capables d'aider, la préparation des marches de protestation qui auront bientôt lieu presque quotidiennement afin de maintenir la pression sur le gouvernement. Il servira également de lieu d'accueil pour la presse internationale.

J'apprends vite à nager dans des eaux moins limpides que celles de la mer Rouge, sur les rives de laquelle j'ai d'ailleurs goûté mes rares instants de répit et d'apaisement lorsque j'étais à Eilat. Ici, je suis approchée par des conseillers en stratégie venant de l'ensemble du spectre. Pas mal de margoulins. Des idéalistes aussi. Toute une faune interlope au milieu de laquelle je navigue à l'instinct. Vu mes convictions de gauche, certains voudraient que je tienne un discours plus politique. Je comprends, je suis moi-même en colère, mais je refuse. Je suis là pour réunir et non pour diviser. Je suis une mère, pas une militante. Pas question de prendre le risque de m'aliéner une partie de mes compatriotes. Seule compte l'union sacrée autour des otages.

Force est de reconnaître que nous nous sommes bien débrouillés avec la famille. Nous avons même réussi à toucher J. K. Rowling, la maman de Harry Potter, qui a partagé une photo de Noya avec ses quatorze millions de followers. Sur cette photo, Noya tient d'une main un exemplaire d'un épisode de la saga et de l'autre une baguette de sorcier. Rowling a exprimé sa tristesse et son indignation dans un tweet : « L'enlèvement d'enfants est ignoble et totalement injustifiable. Pour des raisons évidentes, cette image m'a frappée. Que Noya et tous les otages pris par le Hamas soient rendus bientôt et en toute sécurité à leur famille. »

J. K. Rowling nous a apporté son soutien le 16 octobre. Le lendemain, nous avons célébré l'anniversaire de ma mère, ses 80 ans que nous avions préparés si longtemps à l'avance. Puisse notre fête contribuer symboliquement à son retour ! Ce fut une réception comme je les aime : chaleureuse et ouverte aux autres. Nous avons décoré l'appartement de ballons, allumé les bougies disposées sur le gâteau offert par le Forum des otages, formulé

des vœux, et même reçu la bénédiction de Shlomo Artzi, un chanteur très célèbre en Israël. À leur demande, quelques journalistes ont été conviés. Pourtant, ils sont arrivés par dizaines et, situation surréaliste, j'enchaîne les interviews au lieu de me recueillir avec mes proches. À l'improviste, Yehia Kassem, un reporter druze qui travaille pour le média américain Al-Hurra, m'interpelle. « Si vous voulez, je vous mets en direct sur toutes les chaînes arabes, maintenant ! » J'accepte. Spontanément. Je livre le fond de ma pensée. Je tends la main : « Le Hamas se comporte comme l'État islamique mais ne représente pas l'islam ! » Le 18 octobre, Rotem fête à son tour ses 19 ans à Eilat avec toute la communauté du kibboutz. Je me berce d'espoir... Peut-être que la météo est en train de tourner ?
Mais nous nous trouvions en réalité dans l'œil du cyclone car, dès le lendemain, les vents mauvais se sont déchaînés sur notre *soukka* familiale. J'en tremble encore. Dans l'après-midi, je trouve enfin le courage de visionner la vidéo de la capture d'Erez. Cependant, en l'apercevant pris en otage, impuissant, entre les mains d'un terroriste habillé en civil, je m'effondre en proie à une crise incontrôlable. Nous sommes dans notre appartement de Tel-Aviv. Edna se tient mes côtés. Je suis étalée sur le sol, vociférant, pleurant, sans qu'elle parvienne à me calmer.

Soudain, la sonnette retentit. La main du destin. Il a le beau visage d'un officier, grand et flanqué de deux assistantes sociales. Mais je leur hurle de foutre le camp. Je ne suis pas prête à recevoir les porteurs de mauvaises nouvelles. Ils s'enfuient dans l'escalier de l'immeuble, effrayés par cette femme en détresse. Ils reviennent quelques minutes plus tard.
« Ça ne va pas être bon ? », hasarde immédiatement Edna. À genoux, j'ai juste le temps d'implorer le bon Dieu : « S'il te plaît, pas mes enfants ! Pas Noya ! » L'officier me demande de m'asseoir. Il s'appelle Avi. Il me prend la main. Lorsqu'il me regarde au fond des yeux, je réalise que je ne suis pas immunisée contre le mal. Une épée me transperce le cœur. « Votre mère est décédée... Votre nièce aussi... »

Pour ma mère, j'aurais pu accepter avec le temps, ressentir une peine immense et pourtant me dire qu'à 80 ans, elle avait connu une belle vie. Mais ma nièce ! Une gamine cultivée, futée, avec un potentiel hors norme... Qui sont ces salauds capables de massacrer froidement une jeune autiste de 13 ans, blottie dans les bras de sa grand-mère ? C'est là qu'on se retrouve au bord du gouffre. C'est la question que l'on tend à éluder, préférant une réponse toute faite plutôt que de plonger dans les affres de l'introspection. D'ailleurs, je ne sais même pas comment elles sont mortes. Personne ne le sait. Je demande à Avi : « Est-ce que ma sœur est au courant ? » Il me répond que c'est en cours. « Et son frère ? » s'inquiète Edna. Dor a longtemps été un kibboutznik complètement athée avant de retrouver le chemin de la religion, au point que mon père, communiste convaincu, en avait été bouleversé. Il est maintenant un hassidique, qui vit dans le Nord, avec sa seconde épouse et leurs six enfants. J'explique à l'officier, qui ignorait son existence, que je ne peux prévenir personne tant que Dor n'aura pas été contacté. Alors qu'il dépêche deux hommes à son domicile, je m'active de mon côté pour joindre Rotem, qui fête son anniversaire à Eilat, et j'ordonne à Gaya de me rejoindre immédiatement à l'appartement. Il faut trois heures en voiture jusqu'à la mer Morte où a été évacuée Galit. J'appelle un taxi et Edna retourne un peu chez elle après dix jours d'absence. En quittant l'officier, je lui lance un regard chargé de détermination : « On fait un deal, toi et moi ! Plus jamais tu ne m'annonces de mauvaises nouvelles. »

Au terme du trajet, je retrouve ma petite sœur brisée par la perte et le deuil impossible. Par la suite, notre relation ira en se complexifiant, chargée d'attentes légitimes mais impossibles à satisfaire dans les conditions qui sont les nôtres : Galit ne recouvrera pas la force de continuer à soutenir mon combat pour le retour de mes enfants, et je manquerai du temps et de l'énergie nécessaires pour l'aider à supporter la perte de Noya, une douleur immense, dévastatrice, au-delà de toute expression.

Les funérailles de Carmela et Noya se sont déroulées à Ein HaShofet le 20 octobre. C'est là que ma mère a trouvé son repos éternel, parmi les vertes collines où son père et ses compagnons ont établi un kibboutz dans les années 1930. Jake et Celia – plus tard rebaptisée Naima –, mes grands-parents, étaient des juifs américains de Boston qui avaient fait leur alya malgré l'opposition de leur famille, arrivant à Haïfa au printemps de 1935. Mon grand-père écrivait à son frère le 12 mars de la même année : « Je viens à peine de poser les pieds sur ce sol, dans l'espoir que tu nous rejoignes. Nous allons construire l'État d'Israël. » Jake, agronome, était passionné par la terre. Avec les fonds du Jewish National Found, il avait investi dans des sols souvent arides, les transformant en vastes plantations d'arbres fruitiers et de forêts. Mon grand-père fut le premier à introduire le kiwi en Israël, un pays qu'il aimait au point de cacher sa nationalité américaine et de ne parler que l'hébreu à la maison. Ma mère a hérité de son esprit joyeux et de son énergie. Elle a toujours gardé en elle le parfum des orangers de son enfance, aussi éblouissante avec ses petits-enfants qu'avec les enfants du kibboutz qu'elle chérissait tant.

Dans l'une de ses lettres, datée de 1936, Jake évoque un événement qui résonne étrangement avec le présent. Il parle d'un pogrom survenu lors d'une période de trouble où les juifs, pourtant peu nombreux, s'étaient déjà attiré la haine des autochtones à propos de la terre et de leur présence en Palestine. Cette lettre pourrait avoir été écrite aujourd'hui tant les événements d'alors, quoiqu'à un degré moindre, sont de même nature que ceux qui nous ont frappés. Il y est question d'une population chauffée à blanc, d'une bande de terroristes dirigée par un cheikh important, d'appels au djihad contre les juifs, de champs brûlés, de fermiers et de civils assassinés... « Ce sont des vandales à un degré que tu ne peux pas imaginer », écrit Jake. Celui-là aussi était un incurable optimiste qui n'a eu de cesse de tisser des liens avec les Arabes. Aurait-il pu prévoir que quatre-vingt-six ans plus tard, leurs descendants tueraient sa fille avec une sauvagerie encore plus grande ?

6.
Ballet diplomatique

Ma mère m'a légué l'amour des intérieurs propres et soignés, cette passion qu'elle a toujours portée à sa maison et qui a accaparé ses pensées jusqu'à sa fin dans son *mamad*. Elle adorait les arrangements floraux, veillant toujours à ce que le vase sur la table du salon embaume d'un bouquet composé de fleurs sauvages, ornementales, et de roses à la robe éclatante. Mon père, lui, affichait un caractère fort, le tempérament d'un idéologue capable de débattre des heures afin de défendre ses convictions, parfois inflexible dans ses positions. Il pouvait se montrer opiniâtre, une manière de protéger sa sensibilité à fleur de peau, et dans ces moments-là, il devenait aisément insupportable. Pourtant, ce trait de caractère s'est réincarné en moi. Depuis le 7 octobre, j'ai découvert à quel point je n'avais aucune limite, sans peur et

sans reproche lorsqu'il s'agit de tenir tête aux autres, indifférente au qu'en-dira-t-on, pour autant que je sois convaincue de la justesse de ma cause. Je m'exprime peut-être moins éloquemment que lui, mais j'ai une audace qui l'aurait laissé perplexe.
À Eilat, dès que débute mon combat pour sauver Sahar, Erez et Ofer, je comprends que je dois non seulement sensibiliser les opinions publiques, mais également les acteurs politiques impliqués dans le conflit. Dans cette partie de poker complexe qui s'ouvre à propos du sort des kidnappés, ils ont le pouvoir de me prêter main-forte. Le vrai. Non pas seulement celui des images médiatiques, mais celui qui opère dans l'ombre, derrière l'écran des faux-semblants. En dernier ressort. D'un côté, les intérêts cyniques et les rapports de force, de l'autre, ma simple humanité et mon cri de mère, qui résonne bien au-delà de ma personne, car il est aussi celui de toutes les mères. C'est à la fois petit et immense. Unique et universel. Un dôme du cœur face à l'horreur.

Flash-back : dans mon QG de l'hôtel, en ce lundi 9 octobre, je m'inquiète immédiatement du sort de Carmela et Noya. Les questions fusent : Où sont-elles ? Ont-elles été kidnappées ? Sont-elles encore en vie ? Carmela étant de nationalité américaine, Galit et moi sollicitons l'aide de l'ambassade des États-Unis en Israël. Mais c'est Abbey, ma cousine éloignée (la petite-fille du frère de mon grand-père Jake) qui sera la plus efficace. Au sein de notre *task force* familiale, comme je l'ai dit, Abbey gère les Anglo-Saxons. Je la connais à peine, nos parcours étant très différents. Installée à Herzliya, près de Tel-Aviv, elle accueille les juifs du monde entier en Israël après avoir elle-même effectué son alya quelques années plus tôt. Comme elle dispose donc d'un réseau puissant qui porte jusqu'aux plus hautes sphères politiques de son pays natal, je n'hésite pas à lui demander si elle connaît un moyen d'entrer en contact avec Joe Biden. Abbey m'assure avoir une amie influente qui, demain, le rencontrera. Par son intermédiaire, sans doute y a-t-il une chance que je puisse m'entretenir avec lui par téléphone ou au moins lui faire parvenir un enregistrement le plus rapidement possible. Aussitôt dit, aussitôt fait. Entre deux apparitions médiatiques, je me retire dans le QG de l'hôtel. Malgré une pression folle, je prends mon portable, appuie sur l'icône d'enregistrement... Émouvoir l'homme le plus puissant du monde, un sacré challenge ! Je regrette soudainement mes faiblesses en anglais. C'est pathétique. Au bord de la crise de nerfs, je réessaie à maintes reprises. Finalement, je dois me résigner : il est temps d'envoyer mon message, que cela me plaise ou non. À 23 h 45, heure locale, je me lance. La pêche aux gros devient

pour moi un véritable sport de combat, dans lequel je me débrouille bien mieux que si je m'étais contentée de jeter une bouteille à la mer...
Impossible, pour des raisons protocolaires, de m'adresser directement au président, mais j'obtiens toutefois de pouvoir m'entretenir avec lui via Zoom le 11 octobre, avec les autres familles américaines d'otages. Ce jour-là, Abbey se trouve à Tel-Aviv et moi-même à Eilat. Les visages des participants apparaissent à l'écran, une mosaïque d'inquiétude, alors que le secrétaire d'État aux Affaires étrangères se présente. « Chacun d'entre vous va raconter son histoire », propose Antony Blinken. Le moment est solennel. J'ai pris soin de me préparer, revêtant mes habits neufs. J'écoute les autres s'exprimer tour à tour avec réserve, d'un ton poli et monocorde, mais quelque chose cloche : il ne se passe rien. Quand vient enfin le tour d'Abbey, il est évident depuis longtemps que nous tournons en rond. Nous ressemblons à des poissons rouges agitant leurs nageoires derrière la vitre d'un aquarium virtuel alors que nos proches se débattent contre un banc de requins excités par le sang, et bien réels ceux-là. Épuisée, je tance Abbey par SMS : « Je vais leur dire clairement ce dont nous avons besoin ! » Je sais combien il est important de susciter de l'empathie, mais quand j'aperçois en face de moi Joe Biden qui commence à somnoler, mon sang bout !

Est-ce bien cette personne qui va sauver la vie de mes enfants ? Par réflexe, je touche mon bas-ventre, là où la colère brûle : « *Mister President*, je ne suis pas ici pour raconter des histoires ! Que comptez-vous faire ? Comment influencer le Qatar ? Et Bibi ? » La torpeur se dissipe, les paupières de Biden se lèvent, de retour parmi nous. J'ai rapidement quitté cette réunion, déjà interminable. Je me suis ensuite sentie un peu mal à l'aise, car j'ai beaucoup de respect pour cet homme en qui nous avons placé nos espoirs. Hier comme aujourd'hui, il a toujours été un fervent défenseur d'Israël, lui qui n'a pas hésité à faire immédiatement un lien entre les massacres du 7 octobre et l'Holocauste nazi, et, surtout, à promettre à tous les ennemis de notre peuple qu'ils trouveraient les États-Unis sur leur route. Mais le lendemain, les familles étaient derrière moi : « Tu as secoué Joe Biden ! »

Shakespeare a dit : « Parler c'est bien, mais parler juste, c'est mieux. » Avec Emmanuel Macron, nous avons parlé juste immédiatement. Le 10 octobre, les cousins du groupe WhatsApp chargés des affaires françaises contactent l'ambassade de France en Israël, et transmettent aux autorités toutes les informations nécessaires sur les cinq membres de la famille disparus. Le lendemain, Sabrina Belhassen, une conseillère en communication qui est miraculeusement entrée en contact avec nous et sait battre le fer quand il est chaud, m'arrange une interview avec un journaliste du *Monde*. Je parle donc avec Samuel Forey, dont le papier-choc fait la une du quotidien le 12 au soir. Dans les jours qui suivent, Galit rencontre Catherine Colonna, ministre de l'Europe et des Affaires étrangères dépêchée en urgence en Israël. C'est à ce moment-là que je m'installe à Tel-Aviv. À ce moment-là également que nous prenons conscience de l'importance de nous adresser aux grands médias étrangers. Le 16, à l'hôtel David Intercontinental, nous rencontrons également l'ancien Premier ministre Manuel Valls et une délégation de sénateurs. L'État français est mobilisé. Contrairement au gouvernement de Benjamin Netanyahou, il vole au secours de ses ressortissants. Et maintenant, c'est au tour du président de s'impliquer ouvertement.

« Je veux voir Macron », ai-je dit à Sabrina, convaincue que dans de telles circonstances, rien n'est hors de portée. Et mes prières sont exaucées, même si le moment où je reçois confirmation de notre rencontre reste gravé comme l'un des plus douloureux de ma vie. En ce matin du 20 octobre, je roule sur l'autoroute en direction du nord, vers ma destination – qui est aussi la destination finale de ma nièce et de ma mère : le kibboutz de Ein HaShofet. Mon téléphone sonne, c'est l'ambassade ! Le président veut nous voir à midi.

Mais me voilà confrontée à un nouveau dilemme : assister à l'enterrement de Carmela et Noya, ou faire immédiatement demi-tour et foncer vers Tel-Aviv en espérant arriver à temps. Et pour aggraver cette épreuve, les services diplomatiques m'ont précisé que cette réunion devait être tenue secrète. Quel jugement ma famille portera-t-elle sur mon absence ? Je suis prise entre l'obligation et le devoir, dans un tourment insoutenable. Incapable de mentir, interdite de dire la vérité, je décide de leur envoyer en message enregistré mon discours d'hommage à la mémoire de Carmela et Noya. Une façon bien minimaliste de faire mon deuil tout en étant présente auprès des miens. Car, je le sens au plus profond de moi, ma mère ne m'aurait pas laissé le choix. Elle m'aurait murmuré, ultime adieu : « Hadas, ne tarde pas. Fonce. Pour nous, il est trop tard, mais pour tes enfants et leur père, tout est encore possible. »

En arrivant à l'ambassade, quelle n'est pas ma surprise en apprenant que nous ne rencontrons pas le président Macron en chair et en os, mais par visioconférence. Nous sommes une vingtaine de famille assises autour d'une immense table. À peine ai-je eu le temps de griffonner quelques notes dans le lobby d'un hôtel voisin. Ils nous ont installés dans la salle de conférence. L'ambassadeur et le consul sont présents. Soudain, Emmanuel Macron apparaît sur grand écran, le visage grave. Chaque famille se présente. À mon tour, maintenant. Et le président d'expliquer que ses services ont eu beaucoup de mal à localiser ma fille avec certitude et qu'ils ont eu très peur. Heureusement que mon français est mauvais, j'aurais pu m'évanouir à m'imaginer le pire. Mais non, pas de panique. Pour Sahar et Erez, on a des signes de vie. Pour Ofer, c'est plus compliqué puisque les services français ne disposent encore d'aucune information. À la fin, le président nous promet qu'il se rendra en Israël au plus vite. Il nous souhaite bon courage et nous dit à bientôt.

Parole d'honneur ! Notre rencontre aura lieu seulement quatre jours plus tard, à l'aéroport international d'Israël David Ben Gourion. Non pas qu'Emmanuel Macron était entre deux avions, bien au contraire : il nous a accordé beaucoup de temps. Une salle est spécialement aménagée pour nous. Il y a à boire, à manger, et pas mal de boîtes de Kleenex... Chaque famille bénéficie de son espace réservé. Et, tandis que nous sommes installés dans des fauteuils, le président va d'une famille à l'autre. Chaleureux. À l'écoute. Par-delà sa courtoisie, il m'a émue par sa parfaite connaissance du cas de chaque kidnappé ou disparu. Il est évident qu'il a étudié ses dossiers. Galit est en deuil et il prend le temps de la réconforter. Et lorsqu'elle lui dit : « Vous ne pouvez plus rien faire pour moi, mais faites-le pour ma sœur », elle me brise le cœur. Le président a dû le sentir, car il m'a prise dans ses bras à mon tour en m'assurant qu'il ferait tout pour sortir Erez et Sahar de cet enfer. « Vos enfants sont mes enfants », m'assure-t-il. C'est à ce moment-là que j'ai senti que je pouvais lui faire confiance. Cet homme ne me paye pas de belles paroles. Il est sincère. La main qu'il me tend est une main secourable. Je suis une femme des kibboutz : nous ne sommes coutumiers ni des courbettes ni des ronds de jambe et j'ai toujours eu cette mauvaise habitude de dire ce que je pense. C'est pourquoi j'ai répété si souvent par la suite, dans la presse comme sur les chaînes de télévision françaises, que je faisais confiance au président Macron. Et maintenant que mes enfants sont à nouveau avec moi, je lui suis éternellement reconnaissante. Il le sait. Cependant, en lui adressant mes vœux de bonne année, je lui ai à nouveau demandé de m'aider :

> « On parlera beaucoup de votre dévouement envers vos citoyens français et de votre souci de leur sécurité. En même temps, notre bonheur est incomplet sans Ofer. Ofer manque à ses enfants Gaya, Rotem, Sahar et Erez, qui ont une grande

anxiété pour sa sécurité. Leur cœur est brisé, le désespoir grandit et après tout ce qu'ils ont vécu, ils ne peuvent pas imaginer leur vie sans lui [...]. Je vous en supplie, Monsieur le Président, que la France n'oublie pas le père de mes enfants ! C'est tout ce que je demande. »

Malgré le temps qui passe et la tragédie qui se déroule à Gaza, je continue d'y croire. Impossible n'est pas Français !

Cependant, je sais également le rôle central que joue le Qatar dans cette guerre. Sa place de médiateur incontournable. Quel pays a un réel pouvoir d'influence sur le Hamas, sinon lui ? Ses dirigeants possèdent la clé capable d'ouvrir les portes derrière lesquelles sont retenus mes enfants et leur père. Et parmi eux, dans cette société islamique exclusivement dirigée par les hommes, je pense à une femme en particulier. Elle est très belle, très influente. La cheikha Moza bint Nasser est la mère de l'actuel émir du Qatar, Tamim ben Hamad. Elle a eu sept enfants. Personne mieux qu'elle ne peut comprendre ce que je ressens. D'autant qu'elle semble se préoccuper de la question de l'enfance puisqu'elle dirige une fondation, la Qatar Foundation, dotée d'un budget de 15 milliards de dollars pour aider au développement de l'éducation dans le monde. Exubérante, aimant le luxe et la mode (elle décide des investissements du Qatar dans ce secteur), la cheikha a aussi voulu créer un centre pour la liberté de la presse ! Elle appelle au dialogue des cultures, à l'alliance des civilisations… En 2007, à l'université de Houston, au Texas, elle a prononcé cette phrase très courageuse : « Comment peut-on sincèrement parler de la participation politique des femmes au Moyen-Orient, où elles sont devenues un produit cyniquement utilisé pour servir de caution à des régimes dans lesquels elles n'ont aucun pouvoir réel. » Je fonce !

Avec l'aide d'experts du monde musulman, je choisis de lui envoyer une lettre en arabe. Ensemble, nous rédigeons un texte à la fois très protocolaire et très personnel. Nous citons en préambule un hadith célèbre qui proclame que « le paradis se trouve sous les pieds des mères… ». Et, ayant pris soin de lui raconter l'horreur vécue par mes enfants le 7 octobre, je plaide ma cause auprès d'elle. Voici les principaux passages de cette lettre, à laquelle je reste fidèle hier comme aujourd'hui :

> « Je souhaite ardemment que mes paroles, émanant du cœur d'une mère juive, trouvent écho dans le cœur d'une mère musulmane, ainsi que dans celui de Votre Altesse. Au final, nous, juifs

et musulmans, sommes une famille, des cousins, tous issus d'Abraham, que la paix soit sur lui [...]. Votre Altesse, je comprends que votre cœur soit avec les enfants palestiniens qui souffrent de la guerre à Gaza. Mon cœur, lui aussi, est avec chaque enfant qui souffre dans cette guerre, car les enfants ne sont jamais responsables. Les enfants sont des victimes de la guerre, et nous devons tous les protéger du mal [...]. Votre Altesse comprend que l'éducation est la base de la tolérance, non le recours à la violence et à la destruction. Je supplie humblement Votre Altesse d'user de son pouvoir et de son influence pour mettre fin au cycle de la violence et ramener les enfants israéliens enlevés à Gaza dans les bras de toutes les mères, y compris les miens. Je fais partie des nombreuses mères qui crient maintenant de douleur mais sont empêchées de protéger leurs enfants de la souffrance ; des mères qui pleurent sans larmes, car les larmes ont depuis longtemps cessé de couler. Votre Altesse sait intimement combien une mère aime ses enfants. Tous nos enfants sont des victimes innocentes des actions des dirigeants et des commandants de la région. Je supplie Votre Altesse, en tant que mère et femme, en tant que noble femme arabe fidèle aux valeurs de l'islam :

s'il vous plaît, aidez-nous à ramener nos enfants enlevés dans leurs foyers. »

J'ai gardé pendant plusieurs semaines cette missive dans ma poche avant de trouver la bonne personne à qui la remettre. Une première fois, à Londres, j'ai rencontré l'ambassadeur du Qatar, grâce au soutien d'un groupe d'hommes d'affaires et de conseillers israéliens qui se battent pour la libération des otages. Ils ont fondé l'Initiative de libération des enfants, une structure qui regroupe des volontaires spécialistes en tous domaines. Parmi eux : Eytan Stibbe me propose ainsi qu'à deux autres mamans de Nir Oz dont les enfants ont été enlevés par le Hamas – Batsheva Yahalomi, la mère d'Eitan, et Renana Yaakov, celle d'Or et de Yagil – de partir en Angleterre rencontrer des journalistes et des personnalités politiques importantes. J'ai une grande estime pour Renana. Elle aussi a beaucoup parlé à la télévision durant cette période. Son histoire est particulièrement poignante. Renana était au téléphone avec ses enfants, seuls et vulnérables dans le *mamad*, quand les terroristes ont pénétré dans l'abri et les ont enlevés de force. Elle a entendu son fils Yagil de 12 ans implorer en direct : « Ne me prenez pas. Je suis trop jeune ! » Depuis, lors de chacune de ses interventions publiques, elle pose à ses interlocuteurs cette question toute simple, mais dévastatrice : « Quel est le dernier message que tu as reçu de tes enfants ? » « Moi, c'était celui de leur kidnapping. » Et personne ne peut s'empêcher de frissonner en l'entendant. Elle parvient à faire ressentir l'horreur en quelques mots. Elle est incroyable !

Eytan Stibbe a mis à notre disposition son jet privé. Malheureusement, j'ai toujours eu très peur de l'avion. C'est la raison pour laquelle, avec Ofer et les enfants, nous avons si peu voyagé à l'étranger. Évidemment, cette fois, j'accepte l'offre et Edna m'accompagne. S'il le faut, elle me tiendra la main. Une terreur de plus ou de moins... elle en a pris l'habitude maintenant ! Luxe, calme, propreté... Dans son jet, nous pouvons marcher pieds nus et les sièges se transforment en lit. Le personnel de bord est adorable. Je découvre avec stupeur qu'il est possible de faire voler un appartement de très haut standing. À Londres, Big Ben carillonne pour nous souhaiter la bienvenue. Nous sommes dans les temps.
Le programme est chargé. Nous rencontrons le ministre en charge de l'Enfance et un cénacle de diplomates. Ensuite, nous accordons des interviews aux médias britanniques. Après avoir participé à plusieurs émissions de télévision de premier plan, nous nous entretenons avec les journaux. De la

première page du tabloïd britannique *The Sun*, qui nous présente toutes les trois sous le titre « Bring Back Our Children », au sérieux *Times*, l'un des journaux les plus influents au monde, qui appelle à la libération des otages... Les médias britanniques, souvent perçus comme partiaux, sont loin d'être insensibles à notre cause. Les Anglais non plus : alors que nous marchons dans la rue, d'un rendez-vous à l'autre, j'aperçois un rassemblement en raison du passage du convoi du roi, mais pas seulement. Une manifestation de soutien aux otages a également lieu. En proie aux émotions les plus contradictoires à regarder Charles d'Angleterre parader dans sa calèche, comme dans un conte de fées, tandis que pour ma part je sors tout droit de l'enfer, je remarque une femme, là, proche de moi à la manière d'un mirage, qui brandit une photo de... Sahar ! Je m'approche, j'ai envie de lui expliquer que c'est ma fille qu'elle tient entre ses mains. Mais elle me regarde bizarrement, vaguement effrayée, pensant certainement que je suis folle.

L'ambassadeur qatari, que nous rencontrons enfin, est habillé en tenue traditionnelle. Il manie parfaitement le langage diplomatique, dissertant longuement sous les ors de son ambassade, dont les murs sont décorés de tableaux aux couleurs et aux formes des caravanes bédouines du Qatar ancestral. Mais qu'importe, je l'écoute, attendant patiemment mon tour de parole. Le moment venu, je lui parle sans détour, aussi honnêtement et directement que possible. Mes larmes coulent tandis que j'évoque le sort de mes enfants. Et si je dois me mettre à genoux et le supplier pour préserver leur vie, je le ferai sans hésiter. Lorsque je découvre des signes d'empathie aux coins de sa bouche et de ses yeux, je comprends que je n'ai pas fait le voyage en vain. J'ai beau ne rien oublier des horreurs du 7 octobre, je reste convaincue de la justesse d'un principe qui me guide par-dessus tout : lorsqu'on touche le cœur des hommes, ils retrouvent leur humanité. À la fin, il nous prend chacune dans ses bras et nous dit qu'il doit continuer à travailler à la libération des otages. Il me tend sa carte en assurant qu'il fera ce qu'il peut, mais qu'il doit maintenant écourter l'entretien car il a du travail. En partant, je murmure à son oreille : « S'il vous plaît, aidez-nous ! » Cependant, je garde la lettre dans ma poche. Il n'est pas la bonne personne pour la mission que j'aurais aimé lui confier.

Quelques semaines plus tard, je rencontre à Athènes un autre personnage mystérieux, un médiateur qatari vivant en Europe. Arrivés en Grèce par un vol commercial, nous formons une petite délégation constituée de ma cousine Noam, de la personne chargée de la rencontre, de plusieurs membres des familles de kidnappés et de moi-même. On nous attend dans les locaux de l'ambassade du Qatar, très sécurisée, avec des gardes du corps arabes partout. Tout le monde m'a conseillé de ne pas aller à ce rendez-vous, arguant que j'y rencontrerais des personnes horribles, peut-être même me ferais-je enlever… le syndrome Khashoggi, je suppose. À l'intérieur, on nous donne la possibilité d'écrire des lettres à nos enfants, qui leur seront remises, nous promet-on. Elles ne l'ont jamais été… Persuadée qu'Erez et Sahar n'ont pas été séparés, je n'en rédige qu'une seule. Lorsque le médiateur apparaît, nous sommes installés dans une salle très luxueuse, avec un buffet magnifique. « Hadas, n'oublie pas que tu as rendez-vous avec le diable. » Mais je n'ai aucun problème à le rencontrer si cela peut m'aider dans ma quête. Surtout quand Satan se présente sous les traits d'un homme d'une grande civilité, raffiné, intelligent, empathique et instruit, portant beau dans son costume noir et sa cravate colorée. Il évoque plutôt un professeur d'Oxford. Une simple table nous sépare, agrémentée de coupelles de dattes et de tasses à café disposées sur une nappe impeccable. Je me tourne vers lui en larmes et au fur à mesure de mon récit, il me donne l'impression de s'émouvoir et de compatir à ma douleur. C'est étrange, cette frontière invisible qui transforme des êtres en ennemis. L'homme nous écoute chacune à tour de rôle, soulève des objections, souligne que les parties ne font pas assez d'efforts dans les négociations en cours. Nous parlons pendant trois heures, évoquant même des questions difficiles. Et je me dis : « Tu te rends compte. En Israël, aucun politicien n'a pris ce temps-là avec nous. » À la fin de l'entretien, il prend les lettres pour nos enfants. Pourtant, je garde une fois de plus l'autre dans ma poche. Lui non plus n'est pas la bonne personne. Je la remettrai finalement en main propre à un autre messager grâce auquel je suis certaine qu'elle arrivera à bon port. C'est qu'entre temps, il se passe beaucoup de choses pour moi à Tel-Aviv...

7.
Mom Force

En créant la Mom Force, je n'ai pas innové, j'ai simplement mis en lumière une vérité primordiale : chaque otage a une mère, une mère qui l'aime et qui sera prête à tout pour le sauver. Même les personnes âgées amenées de force à Gaza ont eu une mère. C'est sacré, l'amour maternel, une puissance transcendante. Chacun peut se souvenir de celui qu'il a vu dans les yeux de sa propre mère, une force qui l'a aidé à se dresser, à faire ses premiers pas ; une force qui l'a accompagné, choyé, protégé et pardonné de manière inconditionnelle. C'est la tendresse maternelle qui nous a permis de devenir des adultes puis, à notre tour, des parents. À travers mon combat, j'ai mis en avant l'amour des mères pour leurs enfants. Entre les abandonner à leur sort ou les ramener dans les bras de leurs parents, nous autres

juifs israéliens, nous avons tranché sans hésiter. Aucun dilemme. C'est pourquoi notre initiative a reçu un soutien unanime. La Mom Force est un mouvement créé par des femmes, mais également ouvert aux hommes. C'est une aspiration pacifique qui transcende les frontières de mon pays, car toutes les mères aspirent à la paix, pas à la guerre !
La réaction en chaîne générée par notre initiative m'a surprise par son ampleur… Au début, nous n'étions qu'une poignée à la porter. La colère était notre compagne, surtout la mienne, cette colère qui m'accompagnait depuis ma sortie du *mamad* et qu'il m'a fallu apprendre à canaliser au risque de devenir inaudible. Elle m'avait échappé, cette colère, elle me rendait agressive envers moi-même comme envers les autres. Edna peinait à me le faire comprendre : les gens me trouvaient survoltée ! À la télévision, je n'arrêtais pas de crier, n'écoutant personne, submergée par mes émotions. Ça a été dur d'accepter cette réalité. « Tu dois changer de stratégie », ai-je pensé. Je transmettais mon hystérie au monde entier au moment même où le monde avait surtout besoin de rester calme afin de prendre des décisions rationnelles.
Heureusement, autour de moi, les gens m'ont tendu la main. Mes proches évidemment, ma famille, mes enfants, Gaya et Rotem. Mais également les journalistes et les professionnels de la communication : l'équipe

de l'émission « Hamakor », qui m'accompagnait quotidiennement ; Dana Spector aussi : elle écrit pour le *Yediot Aharonot*, le plus grand journal israélien, et couvre le drame des otages. Grâce à elle, j'ai pu prendre la parole et m'exprimer. Nous nous sommes connues à Eilat et un lien de femmes s'est créé entre nous, nous qui nous comprenions et souffrions ensemble, un lien qui se poursuit aujourd'hui. Dana était accompagnée de son compagnon Ran Sarig, une figure de la télévision et un scénariste de grand talent. Avant que Dana ne m'interviewe, j'avais passé la matinée à galérer pour tourner une vidéo de présentation et faire passer mon message. J'étais franchement pathétique et je me sentais tellement frustrée ! Alors, pourquoi ne pas profiter des experts à portée de main ? « Bien sûr, Hadas, m'a répondu Ran, allons-y pour ta vidéo ! » Et c'est ainsi que nous avons rapidement réalisé un bout d'essai, mais son équipe s'est inquiétée à son tour de ma performance. « Tu dois canaliser ton énergie, m'ont-ils expliqué. Exprime plus de sentiments. » Non seulement je criais, mais j'apparaissais affolée. Encore sous le choc, je pensais que tout le monde comprendrait mon état. Mais personne ne peut vraiment saisir les effets d'un choc qu'il n'a pas vécu. Néanmoins, le message m'est apparu clairement. Désormais, bien qu'animée par une grande colère, j'allais apprendre à soigner la forme et à paraître plus calme.

Depuis notre arrivée à Tel-Aviv, le Forum des otages est le point de départ de toutes les manifestations. Mais leur cri n'est pas assez fort à mon goût. C'est pourquoi je comprends très vite que je serai encore plus utile au mouvement en suivant ma propre voie. Je n'ai plus de réticences à me singulariser à présent. Qui mieux que moi connaît l'horreur d'avoir survécu au 7 octobre ? En marge des discours, des marches et des interviews, il existe d'autres moyens de gagner les consciences à notre cause. Je me souviens des petits films que nous réalisions avec mon père dans mon enfance, une époque où l'innocence côtoyait l'engagement. Cette soif d'agir, cette énergie créative, elles sont toujours en moi, puissantes comme le soleil qui inonde les rues de Tel-Aviv. Mon esprit bouillonne, survolté, je ne m'autorise aucune censure, prête à tout pour attirer l'attention sur le sort des kidnappés. Je me précipiterai en djellaba blanche à Gaza s'il le faut. Je me livrerai au Hamas pourvu que les terroristes libèrent mes enfants. Ou bien je n'hésiterai pas à embraser des pneus pour bloquer les grandes artères de la capitale. Chaque jour qui passe est une journée perdue. J'ai besoin d'une thérapie de choc.

Je suis curieuse de savoir où sont prises les décisions du cabinet de guerre du gouvernement... On me dit que ça se passe dans la base militaire d'HaKirya, au centre de Tel-Aviv, au sein d'un grand bâtiment futuriste entouré d'une vaste esplanade. C'est là que se réunissent ses membres, six hommes qui tiennent désormais les rênes du pouvoir en Israël, avec le Premier ministre Benjamin Netanyahou à leur tête. Je cherche activement un moyen d'y accéder pour les confronter. Mais c'est peine perdue, les soldats ne me laisseront pas passer. Cependant, rien ne m'empêche de me planter devant eux, de construire ma propre cabane sur le bitume du parvis face au portail principal de Beguin, comme l'ont fait mes ancêtres dans le sable du désert ? Je suis moi-même dans l'exode de mes enfants. Sur place, je pourrai mieux comprendre leur fonctionnement, surveiller les allées et venues des plus hautes autorités de l'État, être en mesure de les interpeller. Plutôt qu'une image fantomatique, j'aspire à devenir le symbole en chair et en os de leur mauvaise conscience. Mom Force, ce terme à connotation guerrière est né ici. La force des mères face au pouvoir des hommes et à la puissance aveugle des armes.

Mom Force ! Certes nous ne sommes qu'une poignée, mais nous revenons chaque jour avec plus de détermination. Pour nous faire entendre haut et fort, nous apportons des tam-tams et des tambours. À défaut d'avoir réussi à me procurer des sonnailles, ces grosses cloches attachées au cou des vaches durant la transhumance, nous agitons également des cloches et des clochettes. Nous scandons nos revendications. Nous hurlons dans des mégaphones et nos voix portent malgré l'immensité du ciel. Même si nous semblons dérisoires dans cette étendue urbaine sans âme, même si les autorités nous ignorent pour l'instant, occupées ailleurs ou portant sur nous un étrange regard, nous ne tardons pas à attirer de plus en plus de monde. Mom Force !

Chaque initiative est la bienvenue. Aucune œillère ni restriction dans cette mobilisation citoyenne. Rien de politique ou d'idéologique. Lorsque des femmes religieuses m'ont abordée, m'ont offert leur aide et leur soutien, je ne les ai pas repoussées ; je n'ai pas tourné en dérision leur proposition, ni haussé les épaules avec dédain. Nous avons allumé des bougies, j'ai couvert mes cheveux avec le foulard qu'elles m'ont tendu, et nous avons joint nos voix : nous avons crié, pleuré, prié, ensemble…

Alors que mes idées fusent et que je cherche des moyens de les concrétiser rapidement, une personne influente dont je tairai le nom m'a recommandé de contacter une entreprise spécialisée dans l'événementiel. Nous nous sommes réunis chez moi. J'ai proposé qu'on fasse venir ces pleureuses professionnelles et qu'on les fasse entrer dans l'HaKirya pour qu'elles crient et qu'elles pleurent. Puis l'idée a évolué et nous nous sommes mis d'accord pour un enregistrement d'enfants hurlant au secours avec en fond sonore des détonations d'armes automatiques. Enfin, nous avons également pensé à projeter les photos des enfants enlevés sur les bâtiments mitoyens de la Kirya ! Les professionnels ont proposé d'équiper un camion spécial avec d'énormes projecteurs et haut-parleurs permettant de diffuser images et cris de détresse. Il sera ainsi possible de réaliser une performance en mouvement, partout, sans restriction. « Même dans l'obscurité, ce camion se démarquera grâce aux projecteurs embarqués », ont-ils expliqué. Ce à quoi j'ai ajouté : « Durant la journée aussi ! Je veux qu'on vive avec leur présence. Qu'ils soient là. Qu'ils reviennent. Sous nos yeux. Dans nos cœurs. » Les professionnels ont acquiescé. « En revanche, m'ont-ils annoncé, ça va coûter cher. » « Combien ? » « Aux alentours de 130 000 shekels minimum [35 000 euros] » Soudain, je me sens à nouveau très seule ! J'ai naïvement pensé qu'ils partageraient mon combat, mais dans leurs griffes de rusés renards, je me fais l'impression d'une actrice de cirque plus que d'une mère désespérée engagée dans une cause nationale. C'est à se demander si la souffrance des enfants n'est pour eux qu'un simple spectacle. Bref, *business is business* ! J'ai beau le savoir pertinemment, cela me surprendra toujours. Mais la gestion pratique de l'argent n'est pas mon fort. Dans l'éducation que m'ont donnée mes parents, il représente une sorte de chaînon manquant. Au kibboutz, je me rappelle n'avoir touché mon premier billet de banque qu'à l'âge de la puberté.

En revanche, j'ai été élevée dans l'idée que chaque problème a une solution. À malin, maline ! Je me débrouillerai très bien sans eux en ce qui concerne les pleurs d'enfants. Je demande autour de moi, j'essaie avec des adultes qui prennent des voix d'enfants, mais le résultat est mauvais. Je propose à ma famille et aux amis d'enregistrer les leurs. Galit accepte avec sa fille Tamar. Pareil pour ceux d'Ido. Très rapidement, j'envoie le matériel sonore dans un studio qui s'occupe de monter le clip audio.

J'en ai la chair de poule aujourd'hui encore. Dès la première écoute, le résultat est stupéfiant. Surgis du silence, on entend ces pleurs d'enfants prisonniers des enfers, entremêlés de gémissements et de râles, un concert d'anges précipités dans l'abîme, nous interpellant du fond de leur détresse : « Aide-moi », « Sauve-moi », « Viens me chercher ». Seuls un monstre ou un terroriste du Hamas pourraient rester de marbre. Surtout maintenant que j'ai mis la main sur des haut-parleurs colossaux qui diffusent en direct sur l'esplanade. En première ligne, je suis au cœur de l'action, coordonnant nos forces, distribuant les missions à chacun. Le buzz est tel que les gens affluent de tous les horizons, badauds et engagés, de gauche, de droite, du centre, des personnalités de la société civile, des grands professeurs, des avocats, des figures publiques comme Merav Michaeli et Pnina Tamano-Shata, membres de la Knesset, le Parlement israélien, Dana Spector ou encore l'actrice Sofi Tsedaka. Ils défilent par dizaines, un pèlerinage qui fascine les médias et que j'accueille avec un mégaphone à la main, déclamant des slogans percutants : « Bonne nuit à vous, qui dormirez dans vos lits confortables ce soir. Sahar et Erez, eux, dormiront par terre, seuls. Pas dans un bon lit douillet comme le vôtre. »

Et ma défiance est d'autant plus forte qu'ils ont essayé de me manipuler. Parallèlement à l'ascension fulgurante de la Mom Force, j'ai cherché à organiser un face-à-face avec Sara Netanyahou, épouse du Premier ministre. Malgré sa notoriété controversée en Israël, j'ai réussi à l'approcher grâce à des contacts discrets. Notre rencontre devait rester confidentielle, une conversation entre mères, plus propice à l'émouvoir et à lui faire toucher du doigt l'étendue de notre malheur. C'est pourquoi je ne me suis pas trop méfiée lorsque la sécurité m'a demandé de laisser mes effets personnels au vestiaire, mon téléphone, mon ordinateur, un éventuel micro. En entrant dans la salle, je n'étais concentrée que sur ce que j'avais prévu de lui dire. Mais quand j'ai vu Sara, empathique, tenant un grand fichier, bien calée dans son fauteuil, j'ai compris que nous n'étions pas seules et que cette rencontre était en réalité programmée avec toutes les familles. Elle écoutait leurs récits. L'épouse de Bibi semblait vraiment impliquée. J'ai patienté jusqu'à ce qu'elle me donne la parole. Et, déçue sinon trahie, j'ai cassé l'ambiance : « Je ne veux plus raconter mon histoire, ça fait un mois. Je n'en peux plus. » « Tu n'es pas obligée d'entrer dans les détails. Présente juste ton cas. » « Je n'en peux plus des discours, je veux des actes. » Au lieu d'une conversation privée, un dialogue de sourds. Dans ces conditions, avec l'œil des caméras pointé dans notre direction, rien à ajouter. À la fin, Benjamin Netanyahou est entré à son tour. Il est aux prises avec une situation politique très difficile, avec des pourparlers interminables et particulièrement complexes pour la libération des otages, menés dans un climat de défiance absolue et sous l'égide de nombreux intervenants et médiateurs : les États-Unis, le Qatar, l'Égypte, Israël, la France, les terroristes du Hamas. Dans le pays, il doit composer avec une opinion publique très houleuse. À cet instant précis, j'ai compris que le rôle de Sara consistait à créer de l'empathie, à détendre l'atmosphère. Son mari a pris son air de bon samaritain : « Nous avons deux missions : éliminer le Hamas et faire revenir les otages. » Pardon ? J'ai explosé. Plutôt que de présenter mon cas, j'ai vidé mon sac : « Tu as les familles d'otages devant toi, les yeux dans les yeux, tu oses nous dire ça. Tes priorités sont différentes de ce que tu présentes aux médias. Normalement, les kidnappés devaient être la priorité numéro un. » Bibi a bredouillé mais je n'ai pas bien entendu son propos. Le soir même, ça n'a pas loupé : ils ont posté sur Instagram des images de la rencontre.

Mais la bataille de la communication ne me fait pas peur. Au contraire, je la domine. Avec les médias, je suis devenue une « star ». Pendant cette période, j'ai multiplié les interventions, au rythme effréné d'une vingtaine par jour environ, mais toujours aussi disponible et soucieuse de faire passer notre message qu'au premier jour. Cependant, je ne me déplace plus sur les plateaux ; c'est désormais aux journalistes de se déplacer jusqu'à moi. Ils me demandent où je veux être interviewée. À Nir Oz ? À Jérusalem ? Et je leur réponds : « Non, au QG de la Mom Force, dehors, sur le trottoir ! » Comment pourraient-ils nous manquer ? Nous sommes plantés juste devant le portail de Beguin, à l'entrée piétonne et pour véhicules du bâtiment abritant le cabinet de guerre. Depuis mon poste d'observation, nous observons le ballet des berlines officielles. Un soir, l'une d'entre elles s'arrête à la hauteur d'Edna : « Tu sais qui je suis ? »

l'interpelle l'homme assis sur la banquette arrière. « Non, mais à voir ta voiture, quelqu'un d'important. » Aharon Haliva, le chef du renseignement militaire, poursuit : « Faites-moi confiance, nous allons ramener vos enfants ! » Et Edna de lui lâcher avec ce culot, cette *hutzpa* qui la caractérise elle et bon nombre de mes compatriotes : « Ça aurait dû être fait depuis longtemps ! » Comment pourrait-on faire confiance ? Et spécialement au chef du renseignement militaire ? À Nir Oz, nous sommes restés des heures à attendre l'armée : ma mère et ma nièce ont perdu la vie, Sahar, Erez et Ofer sont otages, et mon kibboutz a été décimé. À force, la pression que nous exerçons porte ses fruits, même au plus haut niveau. « Vos appels sont entendus, le bruit que vous faites a de l'impact », m'informe par message un fonctionnaire qui travaille à l'HaKirya. D'autant qu'autour de nous, les familles d'otages sont particulièrement mobilisées. Depuis le 15 novembre, elles ont initié un mouvement de protestation qui a conduit nombre d'entre elles à marcher depuis Tel-Aviv jusqu'à Jérusalem afin de mettre la pression sur le gouvernement et le Parlement. Elles sont soutenues par la dizaine de députés de la Knesset ayant signé une pétition concluant que la libération des otages doit passer avant la destruction du Hamas. Elles accusent haut et fort le cabinet de guerre de ne pas se soucier de les rencontrer. Et de fait, acculé, celui-ci décide finalement de les recevoir. Ce jour-là, le 20 novembre, une centaine d'entre elles se présentent devant les grilles de l'HaKyria. Mais la situation dérape rapidement. Non seulement il y a bien trop de monde mais les positions divergent au sein même des familles, entre celles qui exigent la libération immédiate de tous les kidnappés et celles qui préconisent une position plus réaliste de libérations graduelles ciblant en priorité les femmes, les enfants, les personnes âgées. Face au désordre, les responsables décident de ne pas laisser entrer tout le monde. Résultat ? Les cris se mêlent bientôt aux bousculades, la confusion est totale aux portails de Beguin et de Shaul, chacun jouant des coudes au point de s'en prendre aux clôtures de sécurité. Effrayés, les soldats se retranchent à l'intérieur, craignant un mouvement de foule.

Face à ce bazar, ce *balagan* comme l'on dit en hébreu, je préfère rester dehors. La presse s'inquiète auprès d'Edna. Où suis-je ? Coincée à l'extérieur et désespérée ! Les journalistes diffusent l'information et quelques parents, furieux, quittent les lieux à leur tour. Bref, un terrible fiasco. Et ce que je craignais finit par arriver. Le lendemain, je ne trouve plus nos affaires. La sécurité a déplacé notre campement en face, et comme l'avenue est longue, nous nous retrouvons assez loin maintenant.

Par ailleurs, les nouvelles ne sont pas bonnes. Malgré notre action, je crains le pire. À la fin du mois d'octobre, les troupes de Tsahal ont pénétré dans la bande de Gaza par le nord. Je traverse des heures sombres. Face à la caméra, je m'explique : tant que nos soldats restaient à la frontière, on montrait à la fois notre force et les massacres que nous avions subis. À partir du moment où nous sommes entrés, nous sommes devenus aux yeux du monde les oppresseurs. Et Dieu sait si l'avenir m'a donné raison... Afin d'apaiser mes craintes, plusieurs membres de ma famille me conseillent de rencontrer Gadi Eizenkot, l'un des anciens chefs des armées et membre du cabinet de guerre. L'entretien se déroule le 14 novembre. J'arrive avec un immense poster photo des enfants. Je pose ma main sur lui et demande : « Quel est le nom de ton plus jeune enfant ? » Il me répond, souriant : « Gal. » Au ton de sa voix, je perçois le lien émotionnel qui l'unit à son cadet. Je suppose qu'en raison de son rôle de militaire, il n'a pas dû le voir beaucoup durant son enfance et même plus tard. Cependant, l'homme qui me fait face est un père de famille attentionné et sensible. Ça se voit dans chacun de ses gestes. Je lui accorde spontanément ma confiance. C'est alors que je lui montre Sahar et Erez : « Ces enfants, vous allez les sortir de là. Ce n'est pas un des buts de la guerre. C'est le but primordial.

Je ne veux pas entendre parler d'autre chose, c'est le seul objectif. Il me regarde à son tour, calme, sans détour : « Je peux te promettre que c'est mon but ultime de libérer tes enfants. »

Quelque temps plus tard, Gal est tombé dans la bataille de Gaza. Et ma conscience me tourmente d'avoir posé à son père une question aussi brutale. J'essaye souvent d'imaginer le conflit intime de nombreux militaires, partagés entre leur devoir pour la patrie et l'amour pour leurs enfants. Car je sais que Gadi Eizenkot est un père aimant. Ceux-là ne le montrent pas, mais ils souffrent de cette guerre autant que moi et aiment autant leurs enfants que nous les aimons, nous, les mères. Ils ont le visage de cet anonyme qui m'a abordée un soir à la Mom Force – un père, dont le fils était à la guerre et qui m'a dit : « Il ne t'oubliera jamais... Il était là quand la porte de ton *mamad* s'est ouverte. » Et soudain, dans cette rue, parmi cette foule soudain étrangère, j'ai cru que j'allais m'évanouir. J'ai ressenti la douleur atroce de ma main plaquée sur la poignée de la porte, j'ai vu les feuilles argentées et touffues du buisson qui avait happé mes enfants et j'ai entendu les voix de Erezikou et Sourki qui m'appelaient depuis un passé qui ne passait pas, si lointaines et pourtant si proches : « Maman, je t'aime, maman, maman... »

8.

La libération de Sahar et Erez

Lundi 27 novembre 2023. Notre petit groupe de la Mom Force est toujours à son poste habituel, à l'entrée de l'HaKirya, là où tout se joue. Les jours précédant la signature de l'accord final ont été tumultueux et incertains pour le pays. Nous étions suspendus entre un immense espoir et la crainte qu'un simple grain de sable ne fasse dérailler les négociations. Dans un silence pesant, nous attendons, veillant à ne pas perturber le processus, surtout maintenant que les libérations ont commencé. En Israël, ces libérations sont appelées des « battements », comme ceux du cœur, et c'est exactement la sensation qu'ils provoquent : une oppression tant que l'incertitude dure, puis ça s'accélère, le cœur bat plus fort, c'est vertigineux... Trois fois déjà, nous avons poussé un énorme soupir de soulagement, mais pas avant que les otages ne soient passés des mains de la Croix-Rouge à celles des représentants israéliens. Un cocktail de joie et de tristesse, mêlé à une profonde préoccupation pour ceux restés là-bas, les laissés-pour-compte. Par trois fois, la réaction du pays a été la même, et elle le restera lors des quatre battements qui suivront. Dans les communautés proches des postes-frontière, lors du passage des convois d'ambulances et de véhicules transportant les kidnappés vers les hôpitaux, les habitants se rassemblent. Ils chantent, acclament, brandissent les drapeaux, partagent des saluts avec les otages. À Tel-Aviv, des milliers de personnes se réunissent sur la place des otages. Mais l'heure est à la gravité, pas aux réjouissances. Parce que le pacte qui unit les Israéliens est d'abord un pacte pour la vie, un serment qui dit qu'on ne célèbre rien tant que tous les kidnappés ne sont pas de retour, sains et saufs. Je repense à la question sans détour de Ronen Bar, le chef des services secrets, lors de notre récente entrevue. Alors que les tractations sur un accord de libération des premiers otages étaient en cours, il m'a demandé : « Si tous les enfants n'y sont pas, en voudras-tu ? » J'ai répondu sans hésiter, en désaccord avec la position du Forum des otages qui réclame le retour de tous les kidnappés ou rien : « Oui, car je

sais qu'il y en aura d'autres. Les libérations doivent commencer à tout prix. »
D'ailleurs, le Hamas ne l'ignore pas, qui a éprouvé jusqu'au bout la ténacité des négociateurs, modifiant les listes au dernier moment, ne respectant pas ses engagements, prolongeant l'attente et l'incertitude, trichant, mentant, bluffant dans un jeu à la hauteur de sa perversité. Je sais de quoi ce mouvement est capable. J'étais derrière la porte tandis qu'il massacrait sauvagement mes proches et mes amis aux mains nues. C'est pourquoi, lors des trois premiers battements, j'ai essayé de garder mon sang-froid à chacune des mises en scène de ces barbus. Le théâtre jusque dans sa manière de vêtir ses « martyrs » de cagoules et de rubans verts sur la tête. Sous l'œil des caméras, ils accompagnent les otages et les remettent aux mains de la Croix-Rouge avec une considération feinte pour ceux-là même qu'ils considéraient comme du bétail un instant auparavant. Comme la nation tout entière, j'étais devant la télévision à prier pour que tout se passe bien tandis que les images montraient les kidnappés dans les véhicules du Hamas, entourés par une foule au milieu de laquelle se trouvaient peut-être certains des civils qui avaient pillé et tué dans mon kibboutz. Et, jusqu'au dernier moment, j'ai craint qu'il ne leur arrive malheur dans ce cirque humain orchestré par les terroristes. J'avais la nausée de voir la Croix-Rouge

réduite au rôle de compagnie de transport, abdiquant sa vénérable mission humanitaire en se montrant incapable d'obtenir des informations, ne serait-ce que sur l'état de santé des kidnappés, au motif de n'avoir aucun lien direct avec le Hamas – ce que les images qui défilaient sous mes yeux démentaient. À ce jour, leur retour me semble un miracle. Cependant, les questions me taraudent : où étaient les voix de l'UNICEF et de l'ONU dans cette tragédie ? Pourquoi ces institutions n'ont-elles condamné que de l'extrême bout des lèvres ? Il s'agissait pourtant de femmes et de bébés ! Et que dire de celles violées avec brutalité, peut-être enceintes de ces démons ? Qui m'expliquera au nom de quelle bonne raison leur douleur fut noyée dans l'indifférence ? Enfin, j'étais révulsée que le monde ne réagisse que si mollement face à un groupe terroriste qui gardait toujours dans son antre Kfir Bibas, un bébé de 11 mois, son frère, Ariel, un garçon de 4 ans, et leurs parents, sachant parfaitement le prix faramineux qu'il pourrait en tirer. Mais qu'attendre d'autre d'une organisation criminelle qui proclame n'avoir aucun respect pour la vie, surtout celle d'un juif...

C'est pourquoi je suis à bout lorsque je réponds aux dizaines d'appels de journalistes qui me demandent mon avis à propos de la dernière liste du Hamas, postée ce matin sur les réseaux sociaux, sur laquelle sont inscrits les noms des kidnappés présumés à libérer d'ici la fin de la journée. Vraie ou fausse ? Par trois fois, j'ai espéré que Sahar et Erez fassent partie de ces ignobles listes de Schindler qui ne sont rien d'autre qu'un énième outil de propagande médiatique aux mains des terroristes. Et si j'ai trouvé la force de reprendre espoir à deux reprises, la troisième désillusion a imprimé en moi une profonde fêlure. C'était il y a deux jours. Nous avions décidé d'aller dîner dans un restaurant de viande de Tel-Aviv pour fêter le 53ᵉ anniversaire d'Ofer malgré son absence. Pour la première fois depuis des semaines, sortie de la bulle d'horreur de mon appartement, je retrouvais l'appétit autour d'une belle assiette et d'un bon verre de vin, entourée de ceux que j'aime, particulièrement heureuse d'être attablée en compagnie du frère d'Ofer, Nissan, de son épouse Sharone et de sa cousine Yifat. Eux aussi se sont démenés pour la libération du père de mes enfants. J'étais sortie fumer une cigarette à la fin du dîner quand le portable d'Edna a sonné. À voir son visage, j'ai compris : ils ne figuraient pas sur la troisième liste des libérés. Je ne suis pas retournée prendre mon dessert. Je suis tombée pétrifiée et foudroyée à l'idée qu'il ne resterait plus qu'un battement dorénavant. J'en ai crié de désespoir : « Je vais me jeter du haut d'une des tours Azrieli. » Et je ne bluffais pas.

Aujourd'hui, dans notre QG face à l'HaKirya, je suis entourée de mes proches qui me protègent et ne laissent personne m'approcher de trop près. J'ai moi-même décidé de lâcher prise. Je me répète sans cesse : « Hadas, tu as fait tout ce que tu pouvais faire. » Je ne m'ajoute aucune pression inutile. La veille, j'ai même accepté de m'associer à un groupe de femmes religieuses qui m'a proposé de célébrer ensemble une Hafrachat 'Halla – un rituel où l'on bénit le pain avant de le mettre au four, en murmurant des prières et en formulant des vœux. Leur douceur, leurs sourires, leur amour m'ont touchée. Bien que cela sorte de mes habitudes, je me suis dit : « Pourquoi pas ? Ça ne peut pas me faire de mal... » Et alors, les caméras de télévision ont commencé à affluer.

La journée tire à sa fin. Vers 17 heures, en compagnie d'Edna, nous arpentons les allées du centre commercial Azrieli, bientôt rejointes par mon cousin Ido et l'équipe de l'émission « Hamakor ». C'est la foire aux rumeurs, quand soudain le nom d'Avi Motola s'affiche sur l'écran de mon portable : « Chère Hadas, s'exclame-t-il, tes enfants sont sur la liste. » Impossible de décrire le frisson qui me traverse, la lumière qui m'envahit, la chape de plomb qui se brise. Une joie sans pareille irradie en moi. Dans la galerie marchande, je clame : « Ils reviennent. » Les commerçants me félicitent, m'acclament, me tendent des glaces, des bonbons, des petits présents. À mon arrivée au QG, tout le monde est au courant. On rit, on pleure, on tombe dans les bras les uns des autres, tandis que les caméras tournent et que les flashs crépitent. Portée par une force miraculeuse, je me propulse sur une barricade dressée afin de protéger et empêcher l'accès à l'HaKirya : « Sahar et Erez sont sur la liste. Ils reviennent. C'était dur, nous avons travaillé sans relâche. Je ne souhaite à personne de vivre ce que nous avons traversé. » Et tandis que j'exulte, les images de notre victoire se répandent à travers tout Israël et au-delà de ses frontières.

Nous restons quelque temps à fêter la libération, mais très vite je reçois un nouvel appel d'Avi Motola, qui me fixe rendez-vous à l'appartement. Le plus vite possible. J'appelle Gaya et Rotem afin qu'ils nous rejoignent. Gal Raz, le réalisateur de télévision qui nous accompagne depuis plusieurs semaines nous conduit en voiture en un temps record. Juste le temps d'embrasser mes deux enfants qui resteront avec Edna. Rendez-vous à l'hôpital de Tel-Aviv dès notre retour. Sans perdre un instant, je fonce avec Avi à l'aéroport militaire où j'embarque à bord d'un hélicoptère petit et bruyant, l'anti-modèle pour guérir de ma phobie. J'ai l'impression d'être dans un film. On se regarde avec Batsheva. Nous survolons

Tel-Aviv, mes émotions tourbillonnent dans mon esprit, semblables aux pales de notre machine. Peur, joie, anxiété. Je me demande si mes enfants ont été bien traités, s'ils sont en bonne santé, s'ils ont maigri, s'ils ne risquent pas d'être terrifiés par le vacarme de l'hélicoptère. J'ai hâte. Le trajet me semble simultanément long et bref. Parvenue à destination, je réalise que nous sommes au point de passage de Kerem Shalom, à une trentaine de kilomètres de mon kibboutz : la base militaire semble lunaire mais l'agitation règne partout. Les soldats m'accueillent et m'embrassent en me souhaitant la bienvenue. Tout est parfaitement organisé. Je reprends confiance dans l'armée. Sur place, nous saluons Renana. Autre bonne nouvelle : tous les enfants libérés sont de Nir Oz : Eitan Yahalomi, Or et Yagil Yaakov, Emma et Julie Konio, Mika et Yuval Engel-Brett. Kfir et Ariel Bibas manquent malheureusement à l'appel.

Plutôt que d'accueillir les miens dans la pièce aménagée à cet effet, je préfère les recevoir dans la caravane mise à ma disposition. Rien que nous trois. Elle est équipée de tout le nécessaire : douche, cuisine, sofa, lit. À l'intérieur, les services d'aide sociale ont aménagé un nid douillet : peluches, chaussons, serviettes, couvertures, pyjamas, afin que mes enfants sortent en douceur du cauchemar. Seule, j'attends encore deux heures, d'autant plus interminables que je brûle d'impatience, les plus longues de ma vie. Puis, soudain, des soldats m'avertissent de leur arrivée. Je mets mon manteau, je sors dans le froid de cette soirée d'automne, mon cœur bat la chamade. Dans quel état vais-je les retrouver ? Du fond des flaques d'ombres de l'allée surgissent les silhouettes frêles d'Erez, le teint très pâle, qui me sourit, et de Sahar en larmes à ses côtés. J'ouvre les bras. Nous nous précipitons les uns vers les autres, pleurant, riant, gémissant, nous embrassant, nous serrant très fort. Une plénitude animale. Je les tiens. Je ne les lâche plus pendant de longues minutes. « Maman, tu es vivante », sanglote Sahar.

Plus tard, à l'intérieur de la caravane, ma fille ne peut s'arrêter de pleurer tandis qu'elle parle et mon fils plaque un sourire mécanique sur son visage, un tic nerveux dont il n'arrive pas à se défaire, sa manière de se prouver que tout va bien même si son attitude montre le contraire, comme en témoignent les premiers mots qu'il m'a adressés : « Maman, je suis revenu d'un camp de colo Fortnite. » Ils sentent très mauvais. Je pense aux instructions des deux psychologues qui m'ont préparée aux retrouvailles. Être présente, sans rien forcer, mais accompagner. Sahar se douche puis se change, mais Erez, lui, refuse de se laver. Il engloutit de l'ananas, des melons, des raisins, des fruits aux couleurs et aux parfums de l'enfance. Et même quand il mange, il masque sous un sourire sa souffrance abyssale et son égarement. À bord d'un autre hélicoptère, nous rejoindrons l'hôpital Ichilov de Tel-Aviv, où les enfants passeront quelques jours en observation. Tout tremble. Nous sommes nombreux dans la carlingue. J'ai l'impression d'être dans un tracteur. Une soldate propose à Erez de lui montrer le cockpit. Plus tard, je demande aux militaires de me le ramener : « Laissez-le, il s'amuse », sourient-ils. Et tandis que mon cadet reste jusqu'à la fin du vol avec ses nouveaux amis, qui lui passeront même brièvement les commandes, Sahar se blottit contre moi avec un abandon infini, et moi, j'ai les yeux qui s'emplissent de larmes au rythme des vibrations de la machine. À notre arrivée, nous sommes hospitalisés dans l'aile de la maternité qui nous a été spécialement réservée. Nous nous retrouvons, Gaya, Rotem, Sahar, Erez et moi-même. Malgré la présence des membres de la famille qui souhaitent nous rendre visite, j'ai insisté pour que nous restions seuls. Juste nous cinq. J'ai plongé au plus profond de ma douleur dans l'espoir de vivre cet instant magique. Ils s'étreignent longuement, se regardent, se retrouvent, s'embrassent, se sourient. Rotem sort un énorme plateau de sushis qu'il tend à sa sœur et son frère, mais les médecins nous rappellent que ni Sahar ni Erez ne peuvent en manger avant d'avoir passé une série de tests.

Ma famille. Mes enfants. Ma vie. J'avais oublié ce que signifie le mot paisible. Je goûte une sécurité qui me fuit depuis cinquante-deux jours. Je me laisse bercer par le monologue intérieur d'une mère envers ses enfants devenus grands. C'est comme revivre une seconde naissance, dans la joie et le bonheur. Un sentiment de plénitude comme je n'en éprouverai jamais plus.

Cependant, la première nuit sera particulièrement douloureuse pour Sahar et Erez. Nous logeons dans une chambre spacieuse et parfaitement équipée. On nous a donné des couvertures lourdes qui sont utilisées dans le traitement des traumatismes. Erez dort dans un lit montant qu'il a pointé aussi haut que possible, sinon il ne se sent pas en sécurité. Malheureusement, ils ne trouvent pas le sommeil et le noir leur est insupportable. Au matin, lorsque je retrouve Edna, j'ai la démarche d'une somnambule. Nous resterons quatre jours ici. Hier, avant même que notre forteresse volante ne se soit posée sur l'héliport aménagé sur le toit de l'hôpital, celui-ci avait été pris d'assaut par les médias. J'avais demandé à mon entourage de leur parler à ma place, et c'est mon cousin Ido qui s'en est chargé, peu après minuit : « En ce moment-même, vous entendez les vrombissements de l'hélicoptère qui atterrit. Nos chers Sahar et Erez sont revenus. Nous sommes emplis d'émotions. Je veux m'adresser aux familles d'otages. Depuis ce samedi noir, nous formons une seule et même famille. Et nous n'arrêterons pas tant que vos proches ne seront pas rentrés. » Ce matin, tout le monde veut nous rencontrer, même des inconnus, comme cette femme qui a prétendu, carte d'identité à l'appui, être de notre famille sous prétexte qu'elle s'appelle Kalderon. Nous recevons une marée d'amour et de cadeaux. La libération des enfants suscite une immense vague de soulagement. Des messages de soutien de nombreuses personnalités nous parviennent. Le président Macron se félicite dans un tweet de cette heureuse issue pour laquelle il a pesé de tout son poids. Parmi d'autres personnalités du monde du spectacle, le célèbre chanteur israélien Idan Raichel nous rend une visite. Il intègre Rotem dans l'une de ses performances et demande à Erez de jouer de la trompette. Les journalistes me sollicitent plus que jamais, mais je décide de ne pas leur parler. Je ne peux pas m'exprimer. Pas maintenant. Certains médias m'ont reproché cette décision, arguant que nous devions rendre la pareille. Toujours cette logique du donnant-donnant... Mais tout ne se monnaye pas et, s'ils voyaient Erez en train de raser les murs, l'air égaré et craintif d'un petit écureuil blessé, ils comprendraient quel est mon devoir.

Nous passons ensuite une semaine environ dans l'appartement de Tel-Aviv. Ces premiers moments de liberté ont été terribles tant pour Sahar que pour Erez. Avec ma fille, j'ai un instant imaginé que ce serait plus facile. En compagnie d'Edna et de Mika, la fille de mon frère Dor, Sahar est allée faire du shopping dans un centre commercial proche de l'hôpital de Tel-Aviv où nous étions encore en observation et j'ai cru bon qu'elle ose se fondre dans la foule après être restée si longtemps recluse. Mais elle souffre. Avec Erez, c'est encore plus difficile. Il ne ferme pas l'œil de la nuit et ne s'endort qu'au matin. Lorsqu'il doit aller aux toilettes, il me demande d'ouvrir la porte afin de vérifier qu'il n'y a pas de terroristes. Il a besoin de calme pour se reconstruire et Tel-Aviv n'est pas le bon endroit pour cela. Chaque sortie est source de stress. Un jour, nous sommes sur la plage et le cri d'un homme derrière nous provoque une terreur panique chez mes enfants. Je décide donc de rejoindre la communauté à Eilat. Au bord des flots de la mer Rouge, là où, deux mois plus tôt, j'avais goûté quelques rares instants de répit, nous pourrons mieux nous reconstruire. Il faut que je prenne du recul dans la lutte pour la libération des otages qui demeurent à Gaza. Maintenant que mes enfants sont rentrés, je dois m'occuper exclusivement d'eux. Plus tard peut-être reprendrai-je ma part dans cette bataille. Mais d'une autre manière. Je pense sans cesse à Ofer, toujours séquestré et dont le sort m'inquiète chaque jour davantage. Le combat ne s'achèvera pour notre famille qu'avec sa liberté retrouvée.

Pour l'heure, je n'ai que deux idées fixes : me consacrer entièrement à Sahar et Erez et me reconstruire à leur contact. Ma priorité est qu'ils puissent reprendre le cours de leur vie là où il a été interrompu, sans les accabler de mes propres appréhensions, ni me montrer trop protectrice. Ici, nous pouvons enfin profiter de moments de détente en famille. Les enfants réapprennent à jouer ensemble et nous, les adultes, retrouvons un semblant de vie normale. Les activités de plein air telles que le ski nautique et la pêche sous-marine (Eilat est l'un des plus beaux spots de plongée au monde) leur permettent de renouer avec la nature et de se divertir. J'ai même accepté sans réserve que mon fils fasse du windsurf avec un moniteur. Cependant, la mer était un peu agitée ce jour-là, ce qui m'a plongée dans une crise d'angoisse. « Pourvu que cette mer agitée ne les avale pas. J'ai tant souffert pour les ramener de Gaza. » Je me suis reproché ma légèreté et mon imprudence, mais je veux qu'ils réapprennent à vivre. C'est très dur pour eux. Leurs nuits sont toujours agitées, marquées par des rêves sombres et des réveils difficiles. J'en suis très

inquiète, et je m'épuise à les soutenir et à les rassurer autant que possible.
Durant nos longs moments d'intimité, je les écoute en silence. Patiemment. Ils se dévoilent lentement. Évidemment, ils m'ont raconté le 7 octobre, du moment où ils se sont cachés sous un arbuste jusqu'à leur capture. Ils m'ont décrit les horreurs que je n'avais pu qu'imaginer. Ils ont été témoins de choses que des enfants ne devraient jamais voir. La haine dans le regard et dans la main de l'homme, la mort. Ils ont d'abord été obligés de sauter par la fenêtre car la maison d'Ofer avait pris feu. Ils se sont réfugiés dans le buisson feuillu, priant pour ne pas être repérés. C'est à ce moment-là que Sahar et Ofer ont retiré leurs tee-shirts blancs. Ils ont entendu les tirs, les cris, la musique assourdissante qui m'avait terrifiée. Mais ils ont également été témoins du sort réservé à leur voisin Ronen Engel, abattu puis emporté, un trophée de guerre et une monnaie d'échange. Cela a été une épreuve terrible pour eux.
Pendant ces deux heures passées à se cacher, les enfants ont assisté à des scènes apocalyptiques. Ils ont compté des centaines de civils entrant dans le kibboutz par le portail du champ où Gideon Pauker avait planté son vignoble, pillant les maisons les unes après les autres. Des hommes, des femmes, des adolescents, des enfants parfois. « Comme une horde

de fourmis de feu », raconte Sahar. Ceux-là se mêlent aux personnes armées qui, sur leur passage, abattent même les animaux domestiques, surtout les chiens, impurs à leurs yeux. Chaos. Les terroristes vont et viennent dans l'allée adjacente au buisson où Ofer et nos enfants ont trouvé refuge, à l'arrière de la maison des Goren, dont le père venait d'être tué. Les barbus ont probablement établi leur QG dans une demeure voisine. Erez s'assoupit finalement, épuisé par une nuit agitée. Le temps s'écoule. Soudain, un jeune homme s'essaye à quelques tractions sur l'auvent de la fenêtre du *mamad*, pile en face de leur cachette ! C'est lui qui les découvre. L'index devant sa bouche, Ofer l'implore de se taire, mais l'autre s'empresse d'alerter ses complices. Aucune pitié ! Sahar et Erez tentent de s'échapper, mais malheureusement ma fille a les jambes tellement ankylosées qu'elle n'arrive pas à bouger si bien qu'un assaillant la force à sortir de sa cachette en tirant dans sa direction. Ses ravisseurs l'embarquent alors sur une moto et prennent la direction de Gaza. Tout au long du chemin, elle répète inlassablement : « Je dois m'enfuir. » Alors que la moto tombe sur le sable, Sahar tente de s'échapper, mais dix hommes la rattrapent. Ils l'enveloppent dans une sorte de drap, elle est convaincue qu'ils vont la tuer. Cependant, elle se retrouve à nouveau sur la moto en position fœtale à présent. Elle m'a raconté que pour respirer, elle sortait parfois la tête, apercevant l'immensité bleue du ciel au-dessus d'elle, vision à laquelle elle s'est accrochée durant les cinquante-deux jours où elle a croupi dans la taupinière du Hamas. Erez, quant à lui, s'est enfui vers la maison des Goren et a tenté de grimper sur le toit. Un barbu a pointé son arme dans sa direction afin qu'il se rende. Son père aussi a eu de la chance. Dès qu'il a compris qu'il était foutu, Ofer a jeté son pistolet loin de lui, un terroriste l'a ramassé avant de le mettre en joue. Ofer a crié : « Je ne suis pas mort » et son hurlement a attiré un autre terroriste. Au lieu de l'abattre sur place, ils l'ont emmené. Devant son fils, ils l'ont traîné par terre jusqu'à un camion voisin, résistant, avant de le battre et de le blesser aux jambes. Ils l'ont ensuite embarqué à l'arrière d'une camionette, Erez sur une moto. Et c'est ainsi qu'ils ont été séparés. Naïvement, j'ai longtemps imaginé qu'ils avaient été détenus ensemble. « Ils pourront mieux se protéger, s'entraider », me disais-je. Malheureusement, le Hamas les a séparés dès le début et ils n'ont jamais pu communiquer malgré leurs demandes répétées. Dès leur arrivée à destination, ils ont été forcés de se tenir devant une caméra, récitant un texte rédigé par leurs geôliers. Ces enregistrements étaient tout autant des preuves de vie que des instruments de chantage pour les négociations futures. Erez a ensuite été détenu dans une famille, comme de nombreux autres kidnappés, ce qui montre à quel point l'idéologie extrémiste s'est diffusée dans la société. Ces familles semblent soit totalement acquises à cet islamisme mortifère, soit volontairement maintenues dans la pauvreté et donc vulnérables à l'influence des terroristes. La peur joue également un rôle important. Le Hamas tient Gaza sous sa botte.

Le gardien d'Erez n'était pas un illettré ou un va-nu-pieds, mais un professeur qui acceptait néanmoins d'endosser la fonction moins gratifiante de geôlier. Il avait établi des règles de détention très strictes : son petit prisonnier n'avait pas le droit de bouger, de se lever ou même de parler, toute tentative d'expression étant réprimée par un « *ouskout !* » (silence en arabe). Erez a trouvé refuge dans le dessin, passant des heures à griffonner, feuille après feuille, les formes et les couleurs de sa peur et de sa solitude. Le danger était partout. Des groupes de maraudeurs menaçaient les kidnappés, hurlant des menaces de mort ou de kidnapping. L'intérieur de la maison servait également de cache d'armes. Toutefois, le professeur ne s'est jamais montré cruel envers Erez. Il ne l'a jamais frappé ni n'a pris plaisir à l'effrayer. Au contraire, il lui a dispensé des cours d'arabe et lui a même offert une montre pour son anniversaire. Il a également pris soin de retirer les armes de sa vue, conscient de la peur qu'elles pouvaient susciter. À plusieurs reprises,

Erez a demandé à m'appeler, mais il n'a jamais réussi à me joindre. Peut-être l'homme voulait-il se donner bonne conscience ? À moins qu'il ne se soit attaché à lui à sa manière. Mon fils a bon caractère, un petit bonhomme vif, drôle, sympathique. Je disais souvent à Edna : « Cela ne m'étonnerait pas qu'il fasse marrer les terroristes. » Je suis persuadée que cela a beaucoup joué en sa faveur.

Plus de deux semaines plus tard, des hommes sont venus le chercher. Ils l'ont dissimulé sous une burka, une pratique systématique pour déplacer des otages, afin d'éviter de les mettre en danger si la foule venait à les reconnaître, ce qui témoigne une fois de plus de la haine qui s'est répandue partout à Gaza. Il a séjourné dans plusieurs endroits. Pauvre enfant toujours plus seul et terrorisé. À la fin, il a été transféré dans ce qui ressemblait à un hôpital où un homme lui a volé sa montre, ce qui l'a mis très en colère car il s'y était attaché. Mais sa situation s'est quelque peu améliorée puisqu'il s'est retrouvé avec Eitan Yahalomi, des personnes âgées et Shani Goren, l'une des nounous du kibboutz, qui s'est occupée de lui comme une mère. Il a reçu des petits mots où il était écrit « Ne t'inquiète pas, tout ira bien » et d'autres du même genre. Il ignore leur provenance. « Et ma lettre, l'as-tu reçue ? » lui ai-je demandé. « Non, maman, jamais... »

La détention de Sahar a été différente. Après le trajet en moto, elle est montée dans une voiture en compagnie de Eitan Horn, un homme qui n'habite pas le kibboutz mais qui était venu voir son frère à l'occasion des fêtes de Sim'hat Torah. Ils ont ensuite été jetés dans une espèce de cachot avec des barreaux. Eitan était tellement terrifié qu'il ne s'exprimait qu'en anglais, s'imaginant qu'il pourrait duper ses gardiens sur sa nationalité. Il refusait de répondre à Sahar, l'air hagard, restant de longs moments prostré, puis passait le reste de la journée à dormir par terre. Ma fille, elle, a tenté de se protéger en répétant sans cesse *« I love Hamas, I love Hamas »*, dans l'espoir qu'ils ne lui fassent pas de mal. Elle a ensuite été enfermée avec Mika et Yuval, les deux enfants de Ron, le voisin d'Ofer dont le cadavre était resté si longtemps gisant dans l'herbe, non loin du buisson où elle s'était cachée. Comme Yuval était blessée, qu'elle perdait beaucoup de sang sans que personne ne se soucie de son état critique, ma fille s'est battue pour qu'elle soit conduite à l'hôpital. Elle a demandé, insisté, persévéré jusqu'à obtenir gain de cause. Sahar est une jeune fille très empathique et altruiste qui a trouvé dans l'aide et le soin portés aux autres durant toute sa détention un moyen de ne pas s'écrouler moralement. Elle a eu le courage de communiquer avec ses geôliers lorsqu'il s'est agi d'obtenir des conditions de détention un peu meilleures ; l'instinct de discerner les bonnes personnes des mauvaises. À la fin, ils avaient beau continuer à dormir sur une paillasse à même le sol, elle obtenait au moins le minimum vital : se laver, recevoir quelques médicaments ou davantage qu'un famélique pita à se partager. Mais elle a toujours vécu dans l'épouvante que les terroristes la touchent, la violent, l'assassinent, s'endormant chaque soir avec le regard de ses gardiens porté sur elle. Ils s'amusaient à la faire souffrir, lui laissant croire que j'étais morte, jusqu'au jour où elle m'a vue à la télé. Ils lui répétaient : « Ils vous ont abandonné. Bibi ne veut pas de vous. » Ils se moquaient d'elle et la harcelaient volontiers. Mais Sahar a su leur renvoyer la balle et ne pas se faire marcher sur les pieds, seule solution pour survivre aux mains de ceux qui ne respectent que les forts. « Tu joues au tennis ? », lui a demandé l'un d'eux après avoir vu une photo d'elle que nous avions postée sur Facebook . « Et comment, je suis championne d'Israël, tu ne savais pas ? » Elle a souri en me racontant cette anecdote. Mais elle a pleuré en évoquant ses rencontres avec son père. Ofer n'allait pas bien, au fond du trou à force de maltraitance, dans un état d'abandon préoccupant. Lorsqu'elle l'a appris (même en captivité les nouvelles circulent), cette adolescente frêle et silencieuse, mais d'une force d'âme inimaginable, est parvenue à convaincre ses gardiens de la laisser s'occuper un peu de lui. Rien qu'une fois. Ne mangeant presque plus, Ofer était d'une maigreur terrifiante, décharné. Sa fille lui a redonné la force de se battre physiquement et mentalement. Elle a également fait en sorte que ses conditions de détention soient moins dures, et qu'il reçoive davantage de nourriture.

Sahar n'aime pas raconter ce qu'elle a vécu dans les tunnels du « métro de Gaza », enterrée vive dans des conditions abominables à une quarantaine de mètres sous terre, suffoquant parfois à cause du manque d'oxygène, incapable de distinguer le jour de la nuit, luttant contre l'humidité terrible. Elle a entendu les plus fragiles psychologiquement hurler à toute heure du jour et de la nuit, à se taper la tête contre les murs sous les rires des terroristes qui méprisent ceux qu'ils considèrent comme des faibles, enfants compris. Elle a entendu les coups des geôliers. Elle a entendu raconter les sévices sur les jambes de certains enfants, brûlées sur les pots d'échappement des mobylettes, comme on marque le bétail au fer rouge.

À écouter les autres témoignages, Erez et Sahar ont eu de la chance. Ils auraient pu plus mal tomber encore. Je n'ai jamais cessé de leur envoyer des défenses virtuelles, ces fameuses énergies qui n'entrent pas dans le champ de la compréhension humaine. Je ne suis pas religieuse, mais je crois en une force plus grande que nous. Restent les questions qu'ils se posent, ces obsessions qui les hantent et face auxquelles je suis bien démunie. « Maman, là-bas, les soldats sont des enfants de mon âge ? » s'inquiète Erez. Et moi de lui répondre qu'ils subissent un lavage de cerveau, qu'à l'école on leur apprend déjà à haïr les juifs et à embrasser le culte du martyr. J'ai toujours veillé à éduquer les miens dans l'amour, à développer leur discernement et leur esprit critique afin qu'ils puissent devenir des adultes libres et autonomes. J'essaye de lui expliquer que, malheureusement, ça n'est pas la règle partout, et que ceux de là-bas sont endoctrinés dès leur naissance. J'ai longtemps adhéré à la croyance que l'homme était bon par nature, mais je ne sais pas si mes enfants la partageront. « Pourquoi cette haine ? Pourquoi des actes aussi atroces contre les personnes âgées et les enfants ? Comment un tel mal peut-il exister ? » questionne Erez. Et je ne trouve rien à répondre. Rien, sinon qu'aujourd'hui un gouffre abyssal nous sépare des Palestiniens. Un jour, après lui avoir montré une carte géographique, l'un de ses ravisseurs lui a demandé : « C'est la carte de quoi ça, pour toi ? » Erez a répondu : « La carte d'Israël. » « La voilà la différence entre nous : moi, je vois celle de la Palestine. » Non pas eux et nous. Mais eux sans nous.

Pour le Nouvel An, Sahar a ressenti le besoin de poster un texte afin d'exprimer son mal de vivre, puisque rien n'est rentré dans l'ordre. Ce ne sont pas les pensées d'une jeune fille de son âge, cet âge où l'on n'est pas sérieux, paraît-il... Cet âge où la force de vivre est normalement la plus forte. Elle écrit : « Une année inattendue... J'ai si bien commencé l'année, j'étais bonne à l'école, je sortais faire la fête, je profitais de la vie, j'avais une joie de vivre et une énergie folle. Mais un beau jour, je me suis réveillée et j'ai été kidnappée. Et pendant deux mois, j'ai été précipitée en enfer. Cela a-t-il du sens pour quelqu'un si j'ai été kidnappée chez moi ? Cela a-t-il du sens pour quelqu'un si j'ai vu durant deux heures entières depuis la brousse tout ce massacre ? Cela a-t-il du sens si je suis morte de peur chaque soir parce qu'un terroriste me regarde à chaque fois que je ferme les yeux et que j'essaie de m'endormir ? Et d'autres horreurs que vous ne pourriez même pas imaginer. Je suis une fille de 16 ans qui a vécu toute cette merde, une jeune fille qui, il y a trois mois, avait une vie simple et banale. J'en suis peut-être sortie vivante, mais j'ai perdu ma joie de vivre. Peu importe où je serai et où j'irai. Il y aura toujours des cauchemars, des flash-back, des terreurs et des sueurs froides. J'ai 16 ans et je ne suis plus tout à fait moi-même. J'ai 16 ans et dans mon âme, je suis morte... »

9.
Retour à Nir Oz

Et maintenant que faire ?
Avec les autres habitants du kibboutz, nous avons été relogés dans des tours à Kiryat Gat, l'une de ces villes nouvelles bâties dans les années 1950-1960 pour accueillir les nouveaux venus en Israël, à une heure de route au nord de Nir Oz. Toujours cette sensation poisseuse d'être une réfugiée dans mon propre pays, suspendue entre terre et ciel, au treizième étage exactement, avec le panorama sur les collines d'Hébron au loin, bien heureuse de tourner le dos à la mer et à Gaza. À quoi bon les voir quand ils ne quittent pas mes pensées ? Nous habitons un appartement spacieux et confortable, et disposons tous trois, Sahar, Erez et moi, de notre propre chambre. Rotem est logé dans un appartement voisin, celui qui a été attribué à Ofer.

J'ai beau m'escrimer à reprendre une vie normale, je n'y arrive pas. Kiryat Gat est une agglomération d'environ 70 000 habitants. L'essentiel est à portée de main : écoles, commerces, supermarchés, espaces verts, complexes sportifs, piscines, terrains de tennis et de foot… Non, vraiment, nous ne manquons de rien, sinon de l'infini des champs de blé de mon enfance à Nir Oz.

J'essaye de sortir avec les enfants le plus souvent possible afin qu'ils puissent se retrouver, parler, jouer avec leurs camarades de Nir Oz. Je prends des nouvelles de notre communauté, dépaysée d'être perchée dans des tours après une vie passée sur le plancher des vaches, endeuillée, déprimée, choquée par l'ampleur des pertes et des récits des horreurs subies, ballotée de funérailles en funérailles. Erez enfourche parfois le vélo que la Fédération et l'équipe de cyclisme israélienne lui ont offert pour ses 12 ans. C'était le 26 octobre dernier, alors qu'il était encore otage. Nous avions organisé son anniversaire au vélodrome de Tel-Aviv où, face à des gradins bondés dans un stade égayé de ballons et de cotillons, les champions avaient pulvérisé le record des douze tours de piste en son honneur. Passionné de vélo, Erez est fier de son nouveau pur-sang, et quand je le vois qui s'élance à toute vitesse dans les allées, je sais qu'il oublie temporairement le mal qui le ronge.

Cependant, peu importe qu'il soit à Tel-Aviv, Eilat ou Kiryat Gat, car son effroi ne cesse jamais. En réalité, Erez comme Sahar sont toujours là-bas, à Gaza, à ressasser à chaque instant leur peur d'être blessés, leur crainte des étrangers, leur terreur d'être à nouveau kidnappés. Ma fille m'a confié : « Nous ne redeviendrons jamais qui nous étions. » Et pour Erez, c'est encore pire. Sa captivité a été horriblement destructrice pour ce petit garçon plongé dans un isolement total pendant plus d'un mois ; un mois à vivre dans la peur de mourir d'une minute à l'autre. Les séquelles dans son esprit sont profondes. Les larges cernes qui creusent son regard témoignent de la violence de ses insomnies. Erezikou n'arrive plus à se lever et refuse souvent d'aller à l'école, barricadé dans sa chambre, passant des heures sur son ordinateur à s'épuiser au jeu de guerre Fortnite, refusant d'être seul, priant d'être accompagné lorsqu'il se déplace d'une pièce à l'autre. Et sujet à des crises fréquentes, des pleurs, des hurlements d'angoisse qui me brisent le cœur. Récemment, il m'a imploré de retourner à l'hôpital d'Ichilov. Il m'a dit : « Maman il y avait beaucoup de soldats là-bas. Je me sentais en sécurité. Le lit en hauteur me manque… » J'essaie de le calmer, de le rassurer en lui expliquant que tout va bien. Mais je ne parviens qu'à le rendre encore plus méfiant et furieux. Ai-je oublié qu'avant, lorsque nous vivions à Nir Oz, je le lui répétais à longueur de dodo. « Et regarde ce qui s'est passé. » Non, mon fils, ta mère n'a rien oublié et elle a beau se taire, ça la ronge de se sentir aussi seule, aussi dépassée, aussi pauvre et impuissante face à ta douleur et à celle de ta sœur. C'est pourquoi elle continue de se battre, jusqu'au bout de ses forces, afin que vous puissiez guérir au plus vite et qu'Ofer, ton papa, rentre à la maison. Promis, juré.

Heureusement, Edna passe du temps avec moi. Nir Banin, où elle habite, est collé à Kiryat Gat. Rotem est présent lui aussi, très affectueux, très protecteur envers son petit frère et sa sœur. Lui aussi est passé par des moments difficiles. Il n'oublie pas. Gaya nous rend également visite dès qu'elle parvient à se libérer, et afin de célébrer ces moments, je me mets en cuisine. Je leur prépare ces hors-d'œuvre méditerranéens qu'ils aiment tant, les olives, les tomates, les avocats, les pois chiches… J'essaye de mettre un peu de joie autour de la table. Je suis une femme sans chichi, qui aime rire des conventions et des artifices inutiles.

Plusieurs fois, je suis retournée à Nir Oz, et j'ai fait le vide en moi. J'ai enfin réussi à me « figer », plus ou moins imperméable aux émotions qui hurlaient derrière la barrière de ma conscience. J'ai longé la route qui descend vers le sud. La longue ligne droite interminable jusqu'à ce qui est maintenant devenue une zone militaire entourée de champs, non plus de blé mais de bataille, à portée de regard. J'ai croisé les convois de soldats, les chars, le matériel de combat d'un pays ruiné économiquement, et sous la menace d'un embrasement général de la région. J'ai finalement trouvé la force de me recueillir sur le site de Nova, à Re'im, près de notre kibboutz, là où se déroulait le festival de musique techno passé à la postérité sous le nom de Festival de la paix, là où tellement de jeunes innocents ont été assassinés sans que leur holocauste – des jeunes femmes violées puis assassinées, des festivaliers pulvérisés à coup de missiles RPG, des femmes et des hommes brûlés vifs, leurs cadavres calcinés au point que leur identification s'est révélée extrêmement longue et complexe – ne suscite l'émoi qu'il aurait fallu, ni chez les progressistes ni chez les féministes… Rotem a manqué de s'y rendre, et l'un de ses cousins a sauvé sa peau en rentrant chez lui à temps. C'est un lieu étrange avec des bus garés sur le terre-plein semi-désertique et des piquets plantés dans le sol comme dans un cimetière, garnis de photos de disparus et de fleurs, et entourés de personnes priant et pleurant.

À l'entrée de Nir Oz, des militaires montent la garde désormais et des papiers sont nécessaires pour y pénétrer. Les ruelles sont vides dans ce village fantôme qui sert à présent de base arrière à l'armée, un spot où les soldats dorment et se reposent avant de repartir au front. Dans le garage agricole, j'ai rencontré le frère d'Aviv Atzili, cet artiste qui s'est tu à jamais, et dont l'ultime désir avant d'être assassiné avait été de peindre sur une roue la silhouette d'un tracteur et d'un cerf bondissant. Il s'appelle Iftach. Iftach a quitté l'Australie, où il habite, pour venir avec quelques autres anciens camarades du kibboutz se réinstaller ici et remettre sur pied ce qui pouvait l'être. En marchant, je suis également passée devant la salle des fêtes et j'ai eu le courage de pousser la porte. Et j'ai vu. J'ai vu les rangées de boîtes aux lettres communautaires endeuillées dans la pièce de gauche et, parvenue au fond du couloir, j'ai pénétré dans le réfectoire. Les tables avaient été dressées comme elles devaient l'être au matin du 7 octobre lorsque les gangsters qui trafiquent de Dieu comme Al Capone trafiquait de l'alcool ont tout ravagé. Ils se sont appliqués en priorité à brûler la cuisine flambant neuve que nous venions d'installer. La seule différence : sur chaque assiette, une photo des kidnappés et de ceux qui ne reviendront jamais, mais dont la voix, les gestes, le sourire ne me quittent plus. J'ai avancé le long des allées ombragées de pins parasols, sur l'avenue des Jacaranda aux branches dénudées, et j'ai poussé mon chemin jusqu'à nos trois maisons martyrisées. Sur le seuil de celle de ma mère, je l'ai revue nous accueillant à bras ouverts, habillée simplement, légèrement maquillée, nous invitant d'un large sourire à entrer boire un café dans lequel tremper des biscuits aux amandes, en devisant gaiement des petits riens du quotidien, ou sérieusement de sujets plus graves. À la place de son jardin aux larges pots fleuris, un amas de végétation informe ; sur le balcon où mes enfants et leur grand-mère s'affrontaient dans d'innombrables parties de dames et d'échecs, des décombres de bois dévorés par les flammes. Et, à l'intérieur, régnait une odeur pestilentielle. Des beaux objets que ma mère aimait tant, ces innombrables figurines rapportées des quatre coins du monde, ces piles de livres d'arts, ces albums de photos où s'illustrait l'histoire de notre famille, il ne reste plus rien, sinon quelques restes calcinés éparpillés sur le sol. À toucher ces fantômes consumés par les flammes, mon visage s'est assombri d'y porter mes mains noircies par la suie, par besoin d'un réconfort impossible mais également sous l'emprise de l'effroi. Quand j'ai vu le matelas à moitié brûlé dans le *mamad* où Carmela et Noya ont été assassinées, j'ai compris que je ne pardonnerai jamais ! En entrant chez Ofer, les mêmes sensations m'ont saisie, la même mélancolie, la même colère dans cette demeure en partie incendiée où quelques photos des enfants s'incrustent encore au mur, avec les super-héros d'Erez démembrés sur le sol, le vieux piano intact, la cuisine que son père avait construite de ses mains partie en fumée. Je comprends l'horreur vécue par mes enfants, et la mienne se renforce, lorsque je vois la fenêtre béante du *mamad*, comme une blessure purulente d'où ils ont sauté, terrorisés… Dehors, à l'entrée, quelques pots d'une végétation à l'agonie attendent patiemment le retour du propriétaire. En souvenir, j'ai emporté seulement un cactus dans un plat turquoise. Chez moi, en revanche, j'ai refusé de prendre quoi que ce soit. Je ne veux rien conserver des objets de mon temple maintenant que les démons l'ont profané, souillé, violé. Rien. J'ai claqué la porte et je ne me suis pas retournée, n'emportant avec moi que ma blessure béante, fantomatique.

Et ce n'est pas le long sanglot de l'automne que j'entends, mais le bruit des bombes et des mitrailleuses. Et tandis que mon cœur bat au rythme des explosions qui font sursauter, j'ai pensé à la missive implorante que j'avais adressée à la cheikha. J'en connais les phrases par cœur, comment pourrais-je les oublier alors qu'elle et moi sommes deux mères qui aimons nos enfants ? J'espère qu'elle a pris le temps de lire ce que je lui avais écrit : « Votre

Altesse, je comprends que votre cœur soit avec les enfants palestiniens qui souffrent de la guerre à Gaza. Mon cœur, lui aussi, est avec chaque enfant qui souffre dans cette guerre, car les enfants ne sont jamais responsables. Les enfants sont des victimes de la guerre, et nous devons tous les protéger du mal [...]. Votre Altesse comprend que l'éducation est la base de la tolérance, non le recours à la violence et à la destruction. » Aujourd'hui, j'ai envie de lui demander d'ordonner à ceux qui, dans son pays, soutiennent le Hamas de cesser cette folie qui dure depuis vingt ans. De cesser d'abreuver d'argent des tyrans qui martyrisent et fanatisent leur population, la maintiennent dans la terreur et la misère plutôt que d'œuvrer à son éducation, dans le seul but de la transformer en une armée de terroristes propageant l'horreur et la mort avec la cruauté des hyènes et le vice des monstres. Se réjouir de la mort de l'autre et se lamenter de la sienne, tel est l'ultime blasphème du Hamas ! Mais parce que je veux être juste, je partagerai aussi avec elle ma colère, cette colère que je porte en moi depuis bien avant le 7 octobre, cette colère qui gronde en écho aux explosions des bombes si proches. Parce que nous, les paysans, les hommes, femmes et enfants de paix de Nir Oz, nous étions bien placés pour percevoir les signes de la tragédie qui s'annonçait. Depuis des semaines, des mois, une étrange atmosphère planait, comme le sentiment que se tramait quelque chose de très laid. Cependant, nos autorités n'ont cessé de nous rabâcher que ce n'était rien. Ne vous inquiétez pas ! Nous y avons cru, naïfs, confiants, bêtes d'avoir été autant abandonnés et négligés par un État qui n'a pas respecté ses obligations envers nous. Et nous l'avons payé très cher. Parce que le 7 octobre n'est pas sorti de nulle part et qu'une opération de cette ampleur ne s'organise pas en toute discrétion. Pour peu qu'on s'en soit vraiment donné la peine, il aurait été facile de la contrer et d'empêcher ainsi le gouffre qui s'est ouvert sous nos pieds d'apparaître. Car la catastrophe dont nous avons été victimes n'a rien d'une catastrophe naturelle. Elle est d'abord celle de notre négligence et de notre arrogance, si bien que les plaies qu'elle a ouvertes ne se refermeront pas avant longtemps : le sentiment d'abandon terrible qui nous frappe, le sentiment de normalisation de la mort, la montée du nationalisme politique, celle de l'antisémitisme dans le monde. Je me souviens de l'instant où j'ai vu sur l'écran de télévision du studio d'une chaîne télévisée que Tsahal venait d'entrer dans Gaza. Effrayant signal d'un désastre. Pressentiment que nos dirigeants s'étaient résolus à sacrifier les kidnappés, exposés à un danger encore plus grand. En tant que peuple, notre droit de nous

défendre et de réagir face à l'horrible attaque du Hamas ne se discute pas. Mais avions-nous vraiment épuisé toutes les options de négociations politiques ? C'était le doute qui me taraudait, persuadée que la priorité absolue devait être le retour des otages, avant l'élimination du Hamas. Et j'ai imaginé mes enfants au cœur des combats et de l'enfer...
Depuis, nous, juifs israéliens, vivons dans la douleur, une douleur qui nous a même ôté l'envie de célébrer Pâques comme il se doit, Pâques d'autant plus sacrée qu'elle est le symbole de notre fuite d'Égypte, de la fin de l'esclavage et de la naissance de notre peuple en tant que peuple, de son entrée en Terre promise, Pâques qui perd sa signification et ne sera plus une fête pour nous tant que 134 femmes, enfants, hommes sont encore esclaves dans les tunnels de Gaza. Quand tout sera fini, certains devront rendre des comptes. Au nom de la dignité et de la mémoire des disparus, des blessés, des traumatisés du Samedi noir. Et, au-delà, de toutes les victimes innocentes de cette guerre.

Mais, d'abord, il faut que les otages, tous les otages, reviennent. Il y a quelques semaines, je suis retournée à la Mom Force, au portail de Beguin, à portée d'oreille du cabinet de guerre et du regard perçant des Aigles qui l'occupent. Et au moment de me lancer, j'ai pensé très fort à mon père, Oury Dan, à ses idées, à son cœur généreux, à ses discours enflammés, à son humanisme, lui qui nous a enseigné l'importance de se montrer gentils et patients, mais intraitables sur les principes et les questions de justice. Je l'ai revu sur cette vieille photo datant de 1972, prise lors d'un congrès à Rafah, avec sa moustache et sa chemise blanche, assis à côté d'un Bédouin portant un keffieh ; Oury le juif venu tendre la main et parler de paix sans se soucier du qu'en-dira-t-on, lui qui aimait tellement la paix, celle qui consiste non pas à vivre sans que l'autre vous ennuie, mais à partager, à participer à ses fêtes comme il serait convié aux nôtres. Et j'ai compris enfin le sens de l'ancre de navire qu'il avait installée derrière le *mamad* où maman et Noya ont été assassinées. J'ai longtemps cru qu'elle symbolisait mon ancrage en ce lieu que nous aimions tant. Et c'est à cause de cette croyance que je me suis entêtée et que je n'ai pas assez écouté la souffrance et le mal-être de mes enfants qui ne demandaient qu'à s'éloigner de la haine et des roquettes du Hamas. Je m'étais trompée. Cette ancre, c'était la terre, certes, mais c'était aussi un esprit au-dessus de la terre et sans lequel la terre n'est rien, sinon désolation et dévastation. C'était l'esprit que nous avons toujours porté en nous, nous autres compagnons de Nir Oz. C'était cet amour de la paix pour lequel nous avons toujours combattu.

Au portail de Beguin, j'ai regardé l'assistance autour de moi. J'ai respiré. Et je me suis lancée à nouveau dans la bataille des otages : « Je n'ai qu'une chose à dire aujourd'hui : chers membres du cabinet, baissez votre tête humblement, baissez votre regard silencieusement, juste pour que vous puissiez les entendre crier au ciel bleu qu'ils ne voient plus : "Au secours ! Au secours ! Au secours !" Comment pouvez-vous ne pas entendre ? Avez-vous un cœur de pierre ? Vous n'avez pas mandat de tenir tête à un accord et de lui claquer la porte. C'est votre devoir moral, professionnel, et avant tout humain ! Comme le devoir d'un médecin de sauver des vies. Et celui d'une mère d'allaiter son bébé ! »

Ce livre est dédié à ma mère, Carmela, et à ma nièce bien-aimée, Noya Dan. Je n'oublierai jamais, je ne pardonnerai jamais.

À notre cher Ofer, en lui souhaitant de retrouver bientôt sa famille et sa vie, ainsi qu'à mes quatre enfants qui ont courageusement tenu le coup.

En mémoire des 1 400 innocents assassinés, des 4 800 blessés et des 253 kidnappés.
À tous les soldats tombés et à leurs familles.
À tous les kidnappés encore en vie, qui attendent que nous les sauvions et les sortions de l'enfer.

À mon père et à ma mère qui m'ont inculqué l'humanitarisme, ainsi qu'aux membres de ma formidable famille en Israël et en France qui m'ont soutenue et aidée sans cesse.

Un immense merci à Avi Mottola, devenu un ami, et à Edna Etrog, ma chère amie, qui m'a soutenue et a été présente jusqu'au bout avec loyauté et dévouement.

À Sabrina, qui m'a épaulée jusqu'au bout pour terminer ce livre, et à Laurent, qui m'a aidée dans l'écriture, qui a su retranscrire et ressentir mes émotions à travers les mots.
À Karine, Aurélie, Françoise et Pierre-Benoît qui ont cru en ce projet et l'ont porté jusqu'au bout.

En espérant que cette partie du Moyen-Orient, où les trois religions vivent côte à côte, retrouve le chemin vers une terre de paix et de coexistence harmonieuse.

Cet ouvrage a été imprimé en utilisant des papiers composés de fibres naturelles, renouvelables, recyclables et fabriquées à partir de bois issus de forêts qui adoptent un système d'aménagement durable. En outre, les fournisseurs de papier s'inscrivent dans une démarche de certification environnementale reconn@ue.

Achevé d'imprimer sur Roto-Page en avril 2024
par l'Imprimerie Floch
53100 Mayenne
Dépôt légal : avril 2024
N° d'impression : 104746
Imprimé en France